浙江黄埔老兵的人生纪实

浙江省黄埔军校同学会

中国出版集团公司
华文出版社

图书在版编目（CIP）数据

浙江黄埔老兵的人生纪实 / 浙江省黄埔军校同学会编. -- 北京：华文出版社, 2020.5
 ISBN 978-7-5075-5168-6

Ⅰ.①浙… Ⅱ.①浙… Ⅲ.①黄埔军校－军事人物－生平事迹－浙江 Ⅳ.①K825.2

中国版本图书馆 CIP 数据核字 (2020) 第 055660 号

浙江黄埔老兵的人生纪实

编　　者：	浙江省黄埔军校同学会
责任编辑：	潘　婕
出版发行：	华文出版社
社　　址：	北京市西城区广外大街 305 号 8 区 2 号楼
邮政编码：	100055
网　　址：	http://www.hwcbs.com.cn
电　　话：	总编室 010-58336239　发行部 010-58336238
	责任编辑 010-63429159
经　　销：	新华书店
印　　刷：	北京建宏印刷有限公司
开　　本：	787mm×1092mm　1/16
印　　张：	14.75
字　　数：	160 千字
版　　次：	2020 年 8 月第 1 版
印　　次：	2020 年 8 月第 1 次印刷
标准书号：	ISBN978-7-5075-5168-6
定　　价：	59.00 元

目 录

刘　渊：海军，民族之魂 / 1

楼吉康：风雨黄埔路 / 10

符丕盛：一个黄埔老人的幸福晚年 / 20

吴兆宁：黄埔教育长之子的促统联谊三十年 / 32

陈菊南：一位抗战老兵的黄埔情怀 / 47

郑以淼：香炉峰上夕阳红 / 58

陶尊岳：感激党对抗战老兵的关怀 / 77

卢良鉴：喜度"白金婚"的幸福老人 / 85

李文烈：玉皇山下一老兵 / 97

应邦铭：关山明月故乡情 / 107

张一鸣：抗美援朝立功的百岁黄埔老兵 / 124

陈瑞璋：早年出生入死尽忠报国

　　　　晚年儿孙绕膝福喜临门 / 133

陈　慎：世代书香第　抗战好儿郎 / 144

林士瀛：世纪老人的金色年华 / 155

林　锷：百岁老兵　风范不减 / 170

项延年：昔日征战沙场　今日热心公益 / 179

胡景濂：开国大典上的特殊飞行员 / 192

徐式昌：黄埔抗战老兵的百年沉浮 / 209

徐逸容：中国远征军通讯兵的"乡愁" / 219

后记 / 229

刘渊：海军，民族之魂

在迎接"抗日战争胜利七十周年"之际，我们一行于2015年1月15日到杭州的浙江医院，探望了正在疗养中的浙江省黄埔军校同学会会长刘渊，请他谈谈一生的经历，以及他的所见所闻。

浙江省黄埔军校同学会会长 刘渊

我们在深山里学习海军技术

我是安徽桐城人，1920年生于天津。我的父亲是清末官费留日学生。1934年，那年我14岁，考取了福建马尾海军学校。

当年的马尾海军学校，处于闽江下游，依江傍海，每期仅招收40名学生，学制长达八年半之久，可见，当年学校招生之严格，以及学习内容之精良。

可惜的是，我们只学了三年多时间，到了1937年，日本发动了全面的侵华战争，东南沿海地区相继沦陷，处于福建沿海的马尾海军学校首当其冲。

大家清楚地意识到，马尾海校所培养的人才，正是当时保卫国家急切需要的海军军官。日本侵略者正是依靠比中国强大的坚船利甲的炮舰，才敢在我国的领海上横行霸道，"以小欺大"，对我国发动侵略战争。

他们不仅企图消灭我国的战舰，更想要歼灭我国海军的后备力量——马尾海校的师生。在日本军队的大举进攻面前，为了保存海军的后备力量，学校只好撤退到湖南省的湘潭，然后，再迁往贵州省的桐梓。

要知道，无论是湘潭还是桐梓，都是一些远离大海的内陆地区，对于我们这些海军学校的学员来说，在远离大海的地方学习海洋军事技术，那是一件多么悲伤的事情！也许，当时我们所处的情形，在如此艰难的环境中学习航海技术，就是在世界航海史上，也不能不说是一个奇迹。

刘渊：海军，民族之魂

强大的海军，才能自立于强国之林

回忆起当年的情形，刘老说，马尾海校的前身是清廷的福建船政学堂，民国以后，改为马尾海军学校，隶属政府的海军部，是一所培养海军军官的专门学校。

他说，在整个抗日战争中，中国海军是最为悲壮的一个兵种。

想一想，在1937年，日本海军已经拥有舰艇190万吨，而中国海军只有5.9万余吨；日军飞机达到2700余架，而中国仅300多架；日军已经有了航母6艘，舰艇308艘，战列舰9艘，一等巡洋舰12艘，二等巡洋舰25艘，水上飞机母舰7艘，而中国海军的力量与他们相比，几乎望尘莫及。

正是由于当时中国海军船舰的实力远逊于日军，双方实力悬殊。在抗战前期，中国几乎拼光了自己的全部舰艇，尤其是八一三淞沪会战打响时，中国海军主力调往江阴布防，在长江海口上，只有一艘"永健号"炮舰。而"永健号"在1937年8月15日也被日军击沉了。

可以说，当时我国的海防门户洞开，长江口的海军力量几乎已经成为空白。日本军舰在我国的领海上横冲直撞，不可一世，让人至今记忆犹新，备感愤慨。

当国家到了生死存亡之时，全国人民热血沸腾，特别是我们海军官校的师生，个个义愤填膺，纷纷请缨，要求上前线去杀敌卫国。

由此，我们也参与抗击日军的野蛮进攻。在那些日子，我担任长江海军江防炮台少尉台员，参与并目睹了那些空前惨烈的战役。

虽然中国空军奋勇出击，连续轰炸日军旗舰"出云号"，无奈"出云号"加装了大量防空火炮，装甲坚固，是一艘排水量万吨的巨舰。尽管中国空军多次命中"出云号"，但是仍不能将其击沉。

日军以"出云号"巡洋舰为首的"遣支舰队"，有大小舰艇百余艘，轻易地控制了长江口。在中国的水域上耀武扬威，不断以其装备的重炮轰击中国守军，增援日军的进攻。

大家知道，在现代战争中，只有首先取得制海权、制空权，才能成为战争决胜的关键因素之一。近年来，日本右翼分子将新下水的一艘军舰，再次命名为"出云号"，勾起了中国人的那段惨痛记忆。在那些血淋淋的历史教训面前，让人不由想到，一个国家，只有拥有强大的海军力量，才不会被人欺负，才能自立于强国之林。

到英国皇家海军学院学习

1944年，我从贵州的桐梓海军学校（海校八期航海科）毕业后，考取了英国皇家海军学院，攻读"武器自动控制"专业。

在英国留学期间，中国驻英使馆武官处选中一部介绍"雷达"技术的教学影片，准备带到国内给军事院校的师生观摩，内容全部是英语讲解，有许多外语技术的专用名词，当年能够将它全部译成中文的人不多，况且，片中的许多关键词汇，对于大多数人来说，仍然是陌生的名词。人们不知道英文的"Radio Detecting And Ranging"是什么意思，如果直译的话，其意应当是"无线电

刘渊：海军，民族之魂

距离方向测定器、距离方向测量器或测距器"，英国人将这个词汇缩写为"RADAR"。

由于我的中、英文功底比较好，由此，使馆的武官处就让我做这部教学片的翻译，我根据其发音和实物的含义，经反复推敲，决定将两者结合起来，译成"雷达"译音。"雷达"教学片译制完成后，送回了国内军校放映。

自此以后，一些翻译家在译文中不断沿用"雷达"的译法，"雷达"一词也就这样流传开来，其实，追溯根源，"雷达"这个词汇的创译者，应该就是我了。

随"重庆号"军舰返国，加入人民海军

刘渊（1956年）

1948年年初,我从英国皇家海军学院毕业以后,英国将一艘军舰赠送给我国,这艘命名为"重庆号"的巡洋舰,由英国朴次茅斯港启程驶回我国,这是当时我国最大、最现代化的一艘船舰。

我被任命为"重庆号"枪炮大副,随同军舰驶回上海。

当我们回到了魂牵梦绕的祖国时,看到的却是另一番景象——国民党政府的腐败和民不聊生。在全国的战场上,人民解放军节节胜利,国民党军队全面败退,于是,我和军舰上的官兵一起,与共产党在上海的地下组织秘密取得联系。

1949年2月25日凌晨二时,"重庆号"在上海吴淞口宣告起义,加入到人民解放军的行列,随即,"重庆号"经烟台解放区驶抵东北的葫芦岛。

根据军委命令,我们在东北创立了人民海军的第一所海军学校——安东海军学校,我担任了安东海校的第一任航海主任。

1955年,刘渊结婚照

1950年,人民海军快艇学校成立,我到青岛担任海军快艇学校的业务主任。

1955年,大连海军学院成立,我被任命为主任教员,授予少校军衔。

1981年浙江航海学会筹备委员会

1958年转业到杭州

1958年转业到杭州,我与同事们一起创建浙江交通学校,我先担任教务主任,后来,担任校长等职。在筹建浙江省航务学校期间,环境十分艰苦,我动员在杭州的妻子调去一起创业。当然,"文化大革命"时期我受到了一些冲击。

"文化大革命"结束后,我两次当选为全国人大代表,并且担任着省交通学校名誉校长、省欧美同学会西欧分会会长、国际文化交流协会副理事长兼秘书长、省参事室参事（副厅级）等社会职务。

1982年9月，刘渊参加联合国科教文组织"亚太地区技术和职业教育考察团"在菲律宾首都马尼拉菲律宾科技大学学术报告会上发言

时至今日，我仍有许多同学、同事或学生定居在海外或我国台湾，台湾同学中有些人曾经身居要职。在与他们的交往中，我深深地感受到这些人的爱国之心、思乡之情，我由衷地希望祖国早日实现统一，两岸同胞早日团聚。

如今，我被大家推举为浙江省黄埔军校同学会会长，深感肩负责任的重大，为了完成祖国的统一大业，为了两岸人民的福祉，我挑起了这副担子，希望在有生之年继续为祖国的统一大业尽点微薄之力。

刘渊：海军，民族之魂

2006 年 5 月率团访台

浙江黄埔老兵的人生纪实

楼吉康：风雨黄埔路

浙江省黄埔军校同学会副会长楼吉康是一个为人谦和的长者。2016年5月5日，我们有幸在他的办公室（宁波黄埔军校同学会所在地）访问了这位阅历丰富的老人。以下就是楼吉康老人为我们讲述的他的故事，以及他幸福的晚年生活。

2016年6月，楼吉康（左）与本书执笔合影

楼吉康：风雨黄埔路

报考黄埔军校

我是诸暨霞度村人，那是一个有着数百年历史的古村落。在乡里，我们楼姓村民是一个大家族，而今，虽说在村里我已经没有什么直系亲戚了，但是，老宅犹存，风韵不减。

父亲早年在绍兴读过私塾，有七个儿子、两个女儿，我排行老二。

1921年11月，我就出生在这个村子里，后来，到草塔镇的智胜小学读完高小，考进萧山湘湖师范学校。

可是，只读了一年多书，抗日战争爆发了，兵荒马乱之际，校方只是匆忙发了一个布告，通知大家，学校奉命迁往浙西的松阳县。于是，我与另外两个同学（魏胜鹤、金松标）结伴赶到松阳。虽说当年时局动荡不安，不过，湘师仍在松阳县的碧湖之畔复课了。

此时，日军步步紧逼，炮火不断向内地蔓延。和平宁静的家园被战火焚毁，百姓流离失所，疮痍满目，全国民情鼎沸，抗日救亡之声响彻云霄。同学们纷纷投笔从戎，杀敌报国。

我们听说福建那边正在招收新兵，于是，我与两名同学离开了湘湖师范，先步行到丽水，坐汽车翻过仙霞岭，几经周折，十余天后到达福建的南平。然后，搭船顺水而下，到了省会福州。

在福州，我参了军，被编入84师。随着日军的大举入侵，福州也危在旦夕，日本飞机时时来袭，市面上人心惶惶，处处风声鹤唳。

1940年秋，我报考了陆官军官学校三分校（被编入黄埔18期）。到校后，我先被编在"入伍生团"。接着，学员们到南平报到，被派到江西铅山县继续学习。

1942年春，三分校又迁到瑞金。在军校期间，我们接受了各种严格训练。军校训练可以说是一丝不苟，理论科目有步、骑、炮、工、辎、射击学、坑道工程等。学校考试严格，学生不仅掌握了各种军事技能，也磨炼了意志。

1944年军校毕业后，我被分配在49军，成为一名见习排长。

那些日子，我所在部队在浙赣线一带布防，我们在衢州、金华、江山一线与日军有过多次殊死搏斗。我从见习排长、少尉排长做起，一直到中尉排长、连长。

战场上，官兵冒着枪林弹雨，出生入死。当年的战斗情景在我脑海里留下了难以抹去的残酷记忆，爆炸的轰鸣、子弹的呼啸，几天前还是生龙活虎的战友，转眼之间就不在了，生与死，仅一步之遥……

1945年8月，日军投降，官兵欣喜若狂，终于迎来了盼望已久的胜利。我所在的部队（48军）属于第三战区，汤恩伯成为受降官。

我们从江西出发，顺浙赣铁路北上，接受日军的投降。部队经过杭州到湖州，再到丹阳，在那里，我军接受日本独立步兵161旅的投降。

每到一个地方，只见老百姓欢天喜地，全城游行，万人空巷。

经过八年的浴血奋战，终于迎来了久违的和平生活。每当我回忆起那些日子，总让我激动万分！

接着，我以上尉军衔离开了原部队，被编入12军军官总队。

楼吉康：风雨黄埔路

楼吉康（1945年）

开始时，我们在杭州临平一带驻扎，成为"编余军官"。不久，我被调派到东北地区。随着国民党部队在内战中节节败退，我随同部队撤退到舟山岛。

当时，我看到国民党政权的腐败无能，蒋介石的专制独裁统治以及全国人民欢欣鼓舞迎接新政权到来的热情。我们也了解到，共产党对于起义、投诚人员既往不咎的政策。

1949年年底，我和6个战友离开了已经准备撤守舟山诸岛、等待渡海到台湾去的国民党部队，回到了宁波。

20世纪50年代后的经历

在宁波，我成为翰香小学的一名教师。后来，我被调到宁波师范学院教书。那些年，学校的地理、体育等课，我都教。

不久，我与一位翰香小学的同事结婚了。

尽管在20世纪50年代的"镇反""肃反"运动中，我已经将中华人民共和国成立前在黄埔军校、国民党部队中的一切经历向组织上交代得一清二楚，但是到了1957年"反右"运动时，我仍被戴上"右派"帽子。之后，全市"右派"集中到梅山盐场去筑海塘，改造思想。曾任宁波中学校长的钱念文也被划为"右派"，大家在一起劳动（改革开放后，钱念文担任市政协的副主席）。在教书时，我的工资是59元一个月，到梅山盐场劳动，发给18元的生活费。那时我已经是两个年幼小孩的父亲了，好在妻子没有问题，孩子就是靠她养大的。

后来，我到四明山去筑路，又去挖防空洞。那些年，我在劳动服务队做事，好在我是黄埔军校毕业，测量、筑路、设计等这些简单的技术活早在学校时都学过。

当年，防空指挥部有一位副总指挥，叫包毅夫，听说我懂得筑路、测量、造防空洞这些专门技术，马上叫我过去，让我当建筑队的总施工。虽说我是一个"双料分子"（既是"历史反革命"，又是"右派分子"），却能指导成千上万的民工筑路、修防空洞，由此，工资也加到了40多块。

20世纪60年代，我的儿子还在读小学，我认为学一门手艺对于他以后的人生比较好。于是，我让他去学了一门手艺。孩子很懂事，小学三年级就开始当徒工，学木匠活了，竟然学得一身好手艺。时至今日，我仍保存着当年他为我做的几张凳子。

我的孩子自幼喜欢文学，20世纪80年代，宁波日报社招考记者，他报名参加了考试，成为一名记者。到了90年代，自己创办了一家企业。而今，那家公司已经小有成就了。

改革开放后恢复名誉

1978年，我被平反，戴在我头上的两顶大帽子（"历史反革命"与"右派"分子）一下子全没有了，不仅恢复了我的公民待遇，也恢复了我在"反右"前的工资待遇。由此，领导将我调到重工业局工程队工作。

当年这个队有400多人，我主要负责全队的技术工作。不久，重工业局调整，更名为机械局。在机械局，我成为生产科的科长，负责建筑这块的业务。

1982年，我年满60岁，退了休。退下来以后，我应聘担任《金三角报》的副总编辑，这是宁波总工会办的企业报。由于工作关系，让我结识了不少颇有才华的作家、艺术家。我在《金三角报》工作了3年左右，直到这家报停刊为止。

接下来，我创办了一家书画社，叫作"天云轩书画艺术社"，由我任社长。未久，书画社办了一所学校，称为"天云书画学校"，我担任校长。

在书画社，我一边做管理工作，一边教习学生书法。我们举办过多次书画展览，其时，群贤毕至，少长咸集，共同切磋书画艺术，交流互动，欣于所遇，情致别饶，令人难以忘怀。

我自幼喜欢书法与写作，将其作为我一生追求的目标。只是多少年来，人生旅途，跌宕起伏，几多风雨，已经搁笔多年了。在任《金三角报》副总编及创办书画社期间，我终于有机会旧梦重圆。尤其是1997年香港回归前，天云轩书画社举办了一个"庆回归墨宝集萃展览"，邀请了150余位宁波籍知名人士挥毫书写、泼墨作画。由此，我们征集到了160多幅名家的书画作品。2012年，在统战部、黄埔军校同学会的支持下，我们将这些作品印刷成册，正式出版。我希望，它能为这座我们生于斯、长于斯的城市增添一点文化色彩！

楼吉康字画

书法艺术，我生活的一部分

改革开放后的30多年来，我的书法技艺长进不少，特别是20世纪90年代开始，我加入宁波黄埔军校同学会，并担任了宁波市第十一至十四届政协委员、宁波市黄埔军校同学会会长，我有了更多机会从事并研习书法，也让我结识了许多志趣相投的朋友。可以说，写作、书法已经成为我生活中一个不可或缺的组成部分。

2015年，在纪念抗日战争胜利70周年、孙中山诞辰纪念之际，全国政协向政协委员征集书画作品。于是，我将自己的几幅得意之作寄了过去，得到了专家学者的好评，对此，我深感荣幸！

坦率地说，多年以来，我的书法笔墨，只是一些习作。写成以后，只要大家看了喜欢，亲朋好友或学生见索，我都会拿来送人。而今，意想不到的是，居然登了大雅之堂！对我来说，这是一个惊喜，更是一种鼓励，希望我的作品不仅得到专家学者的肯定，更能获得大众的喜爱！

接待回乡台胞与海外亲友

宁波地处东南沿海地区，去台湾的抗战老兵不少，尤其是蒋氏老家就在宁波的奉化，还有许多宁波籍的乡亲故友散布全球的各个角落。

20世纪90年代以后，开放两岸人员的往来，大批甬籍老兵回乡探亲（包括他们在我国台湾与海外的亲朋好友），更有许多宁波出去，而今飘散四海的同胞纷纷回乡参访。

这些人携亲带友，先到北京或杭州等地，然后回到原籍探访亲朋故友。在家乡的土地上，他们不仅感受到了乡情、亲情、人情，更看到了家乡改革开放以后所取得的丰硕成果。

近年来，到大陆来观光旅游的人更多了，宁波黄埔同学会为此做了不少工作。我们向台胞、侨胞以及身处海外的黄埔同学介绍祖国这些年来翻天覆地的变化，请他们过来，亲眼看一看，亲身感受一下家乡欣欣向荣的景象、人民安居乐业的生活。

这些台胞、侨胞回到台湾或侨居地后，将自己在大陆、在家乡的所见所闻传达给我国台湾及海外的众多亲朋好友，宣扬了祖国的新面貌以及祖国和平统一大业的方针政策。

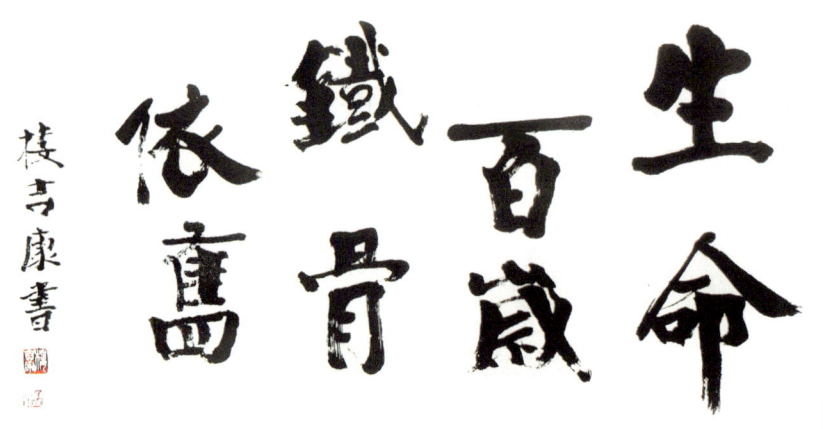

楼吉康书法作品

楼吉康：风雨黄埔路

时任浙江省委书记夏宝龙给楼吉康颁发抗战纪念章

符丕盛：一个黄埔老人的幸福晚年

2016年3月28日下午，我们来到符丕盛先生寓所——位于温州市中心信河街的一幢公寓大楼，访问了这位颇为儒雅的黄埔老人。

符先生不仅和蔼可亲，而且十分健谈，我们一聊就是3个多小时，仍觉意犹未尽。以下就是符先生的讲述。

符丕盛在黄埔军校

符丕盛：一个黄埔老人的幸福晚年

我的青少年与黄埔军校

我1925年生于沈阳，父亲是一个搬运工人，自小家里生活比较苦，可以说是"上无片瓦，下无寸土"，因为穷，我一直到11岁才进入小学。

1931年九一八事变爆发后，日军占领了我国的东三省。

1934年，伪满洲国成立。当时东北在日本人的统治下，搞了一个"大东亚共荣圈"，我在小学接受的是日式教育，学的是日语。

后来，我们全家搬到熊岳城（在沈阳南）。不过，到了五年级，家里生活困难，不得不辍学，到抚顺一家小药店当学徒。

青年符丕盛

当年，东北在日本人的统治下，居民分为三等，最上等是日本人，其次是韩国人，第三等才是我们这些东北人。日本人耀武扬威，无缘无故欺负中国人，经常跑到药店里来买东西，却不付钱。

那些年，我一边在药铺做工，一边自学文化知识。

抗战胜利后，我决定继续求学，一个人跑到沈阳报考高中。

随即，进入沈阳国立第三中学读书，只读了一年多。时至1947年，陆军军官学校在东北招生。此时，大批国民党军进驻沈阳。在马路上，我看到军人穿着漂亮的制服，一律美式装备，十分神气。由此，萌生了报考军校的念头，一考就考上了（黄埔22期）。进入军校后，我们由教官带领，先坐火车到葫芦岛，然后乘船到上海，再辗转到成都双流的军校所在地。

6个月军训结束后，学员们转到成都军校本部继续读书。

本来，黄埔军校招生广告写的是四年学制，可是只读了两年，到了1949年，形势变了，国民党军在前线节节败退，北方大部分地区已经解放了。

因此，我们提前毕业。学校派我和其他3名学员到衢州的军队报到。当年，国民党军队兵败如山倒，一溃千里。那是一个兵荒马乱的岁月，交通非常不便。从成都到衢州没有交通工具，我们4个学员只好徒步前往衢州，不过，刚走到了江西境内，大军南下，当地已经解放了。

由此，衢州也就不用去了。我想，我还年轻，应该多读点书。当时我的哥哥在北平做事，于是，我一个人跑到北平去找哥哥。

到北京师范大学读书

我到了北平哥哥的家里，报考了辅仁大学（以下称"辅大"）的教育系，那时读大学不仅不要钱，还有生活费。我在辅大只读

符丕盛：一个黄埔老人的幸福晚年

了3年，到了1952年，国家对全国的大专院校进行"院系调整"，辅大的一些院系调整到了北京师范大学（以下称"北师大"）。于是，我又在北师大继续读书。

北京师范大学毕业照

在学校的一次"忠诚老实"运动中，我将自己在黄埔军校的那段历史问题交代得一清二楚。领导调查了以后，鼓励我说："你的问题，我们都查清了，只是'一般政历（政治历史）问题'，没有什么大不了的，你还年轻，今后好好干。"

可以说，当年学校对我很重视。

1953年,我在北师大教育系本科毕业。那时,国家教育部有苏联顾问,实行的是全套苏式教学方法。北师大在苏联顾问的指导下,办了一个研究生院。每个系推荐4名学生继续深造,读研究生课程。

我与刘好兰(后成为我的妻子)同时被校方推荐为研究生。因此,又读了两年的研究生课程。到了1955年,我们在研究生院毕业。

我的爱人刘好兰,既是我在北师大本科的同学,也是我读研究生的同学,比我小五岁。毕业以后,我们俩在天津结婚。

当年,学校将我们一起分配到上海师范学院(下称"上师院")工作。于是,我们夫妻一起来到上师院报到。

符丕盛夫妇结婚照

虽说我们俩人只是刚毕业的普通讲师，但是上海生活条件比较好，初到上师院，学校就给我们分配了一套住房，有两个卧室，还有客厅、卫生设备，一个小间供保姆住。我的大女儿就是在上海出生的。我们在上师院只教了3年书，教的是"教育心理学"。

在温州师范学院工作

到了1958年，组织上决定将我们夫妻调到温州师范学院（以下称"温师院"）工作。温师院即1956年成立的"温州师范专科学校"，只是一个初级师范学校。到了1958年，领导上决定将"师专"升格为师范学院，但是作为一所大学，校方感到师资不足，他们向上级要人。由此，上海师范学院领导决定将一些有经验的教师调到温师院工作，我们夫妻俩人名列其中。

当年的温州，地处偏僻，去温州交通非常不方便，只有水路较为通畅，由此，我们购买了8月底从上海开往温州的船票，准备9月1日开学前赶到学校报到。未料，开船的那天，海上刮起了台风，轮船停运（上海到温州的客轮每周只有一个班次），我们只好等下个星期的那个班轮了。

这样一来，等我们到了学校，已经迟了整整一个星期。

我将一家老小（我的父母及两个女儿）全搬迁到了温州。

领导对我们这些从上海来的教师非常客气，刚到校时，学校没有教师宿舍，将我们安排在大礼堂楼上的化妆室住，条件不怎么好，与上海师大相比不可同日而语。但是在温师院看来，对我们一家人已经相当优待了。

那些年，温师院教师少，工作多，事务杂，教师并不单纯教书，每个人都兼着各种各样的行政事务。我每周除了8节大课外，还兼一些行政职务，诸如实习办公室副主任等。

1960年，有一次上级派我到杭州开会。会上批判了杭州大学陈立教授的心理学理论。从那次杭州会议回来以后，温师院的心理学课程也就撤销了。我这个心理学教师被派到校办工厂工作，负责为校办工厂采购材料。

时至1963年，温州地区原有的六所大专院校一下子撤掉了四所，只保留了两所，即医学院与我所在的温师院。

到了1964年，温师院也撤销了，不再对外招生，改称"温州教研函授站"（以下称"教函站"），主要工作是培训在职教师以及对地区"农业中学"（以下称"农中"）的教研工作。

那些年，在市教办领导下，温师院的教师们上山下乡，许多教师被派到各个县去做调研。各地办了不少农中，上级就派我们（教函站的人）到下面去了解各地农中的情况，然后，写出报告，向上级汇报。

我们到了温州地区下属的各县，大家成为市教委派下来的干部，住在农民家里，在老乡家搭伙，与当地群众打成一片。

但是，每个农中只住2至3天，接下来，又到下一个农中做调研。由此，我们在温州各个县城跑了不少地方，也积累了许多实践经验。

在教函站工作了几年，"文化大革命"来了（1966年）。

"文化大革命"后，全国恢复高考，温师院也同时复校，开始招收新生。全省各个师范院校的"心理学课程"作为各系的公共课程亦同时恢复。

自此，我又重新走上讲台，担任心理学教师。

20世纪80年代，全国恢复高校教师职称评审工作。我当时已经是副教授了，而浙江地区师范院校的职称评审工作尚未进行。所以，院校希望编写一本教材为以后评审职称提供条件。

在一次省研究教学的会议上，大家要我带头。我答应后，着手撰写提纲、分工、审稿，最后统稿。

半年后，我们在富阳开了全书的审稿、定稿会，并通过出版。在会上，省教委副主任邵宗杰对书稿给予肯定并提出要求。

1987年10月，正式出版（《心理学教程》邵宗杰主编）。

1988年，教育部统一部署各科编写目录，在《心理学科》目录上有韩永昌（时烟台师院副教授）和我的名字。

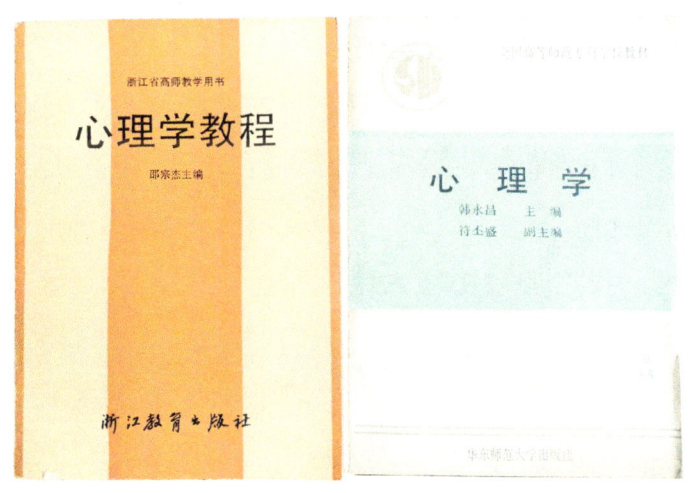

符丕盛著作

20 世纪 80 年代，教育部有规定，每所大专院校图书馆应由教授担任馆长，馆长要参加校务委员会。所以，我从 1984 年至 1994 年的十年，担任学校图书馆馆长。

20 世纪 80 年代，市里决定选派一批人到日本去。由于当时会日语的人很少，温州一时找不到合适的人才。

我是在东北长大的，小学时就学过日语，口语了得，于是，我就被上级指派为日语教师。

那些年，政府还聘请我担任温州地区教委的督学，还担任温州市民盟的领导人。由于我多年的教学工作经验，在市政协又担任文教办主任职务。

成为温州市黄埔军校同学会的会长

1998 年退休以后，我继续担任各种社会职务，除了政协常委、民盟副主委外，还有许多社会兼职。

当时的民盟主委是一位很有才华的教师，兼任着市人大常委会副主任这个行政职务，公务繁忙，疲于奔走，由此，民盟的工作由我实际主持。

有一次，我参加政协在太佬山举行的学习班，恰巧与温州黄埔同学会的会长卓立文住在一个房间。他是温州市民革主委，也是温州黄埔军校同学会的会长。当时他的身体状态不太好，很想退下来，一时找不到替代的人。

那天会后我与他聊天，无意中说到我曾在黄埔军校读过书，他听到我的话，记在了心上。

符丕盛：一个黄埔老人的幸福晚年

其实，我在黄埔军校读书的那段历史只有组织上知道，只有档案袋里有记载，多年以来，我从来没有对别人谈起过此事。

实际上，我在温州工作有两大缺憾，一是我没有在部队里待过；二是不会讲温州话，与别人沟通不够。一直到今天，我的两个女儿及孩子们都能讲地道的温州话，可是，我仍然不会，也听不懂温州话。由此，我在黄埔军校那段历史，除了领导以外，几乎无人知晓。

不久，卓会长就向上级推荐，让我担任下一届温州黄埔军校同学会的会长，得到市委统战部同意，经过同学会代表大会选举，我成为会长，从1996年11月1日开始直至今天，已经20多年了。

成为会长后，我们做了一些事，除了向同学们宣讲政策，希望同学们"放下包袱，解开顾虑"，继续为国家做贡献以外，还向上级部门反映情况，对一些生活困难的同学进行补助，改善了他们的生活。

例如，有一位不久前加入黄埔同学会的温州人，是黄埔军校学生，今年90岁了，贫病交加，生活无依。我们将这个情况向统战部反映，他的待遇问题很快得到了妥善处理，这位老人非常感激党和国家对他的关怀。

时至今天，每逢传统节日，我们都要给海内外的黄埔同学发贺卡。过年过节，我们要组织慰问黄埔同学的活动，如果同学生病，我们也要去慰问，送去慰问品。每年还要组织几次黄埔同学的团聚活动。当然，随着岁月的流逝，黄埔同学越来越少了。由此，我们十分注意培养青年一代两岸同胞的情谊。

我有两个女儿,一个叫燕燕(符燕燕),另一个叫申申(符申申)。她们一个出生在北京,一个出生在上海,故而以北京的简称"燕"、上海的简称"申"来取名。她们都非常听话。我现在与小女儿(申申)住在一起。不过,每星期我都要去燕燕家两次,并在那儿吃饭。

2016年,符丕盛和两个女儿在乌镇

20年来,我每天都骑自行车到黄埔同学会上班。我想,自行车是一种方便的交通工具,骑车也可以让我的身体得到运动。不过,孩子们怕我出事,常常劝我别骑自行车了。

申申仍在上班,每天下午4点钟左右就回家,为家人做晚餐。

我特别喜欢小女儿做的菜，尤其是她的拿手好菜——鱼饼，一款正宗的温州名肴，成为我的最爱。

我身体健康，起居有规律。早上起床较早，吃过早点，就到外面散散步，呼吸一下新鲜空气。回来以后，看看电视，读读书报。

平时，我们在黄埔同学会办公室开会，读报与学习相关文件。

每天晚上中央电视台四套的《海峡两岸》是我必看的节目。同时，我也喜欢看香港凤凰电视台，主要是为了了解台湾的情况。如果有海外或港澳台同胞回乡探亲，或到访旅游，我们就向他们介绍祖国大陆改革开放以来取得的巨大成就、家乡欣欣向荣的新面貌。

我衷心地希望祖国统一大业早日完成，为我们民族带来更加辉煌的未来！

吴兆宁：黄埔教育长之子的促统联谊三十年

2018年4月10日，我们在东阳访问了浙江省黄埔军校同学会理事、金华市黄埔军校同学会会长、浙江省东阳市政协原副主席吴兆宁，请他谈谈改革开放以来，从事祖国统一大业的经历。以下就是吴兆宁的讲述。

我是东阳人，对东阳这块土地，特别是东阳的乡亲有着深厚的情感。我的父亲吴允周将军于1938年受命在陕西王曲襄助创办黄埔军校七分校，为抗战培育基层军官。

1947年，父亲调任陆军军官学校成都本校任教育处处长，旋晋为教育长。父亲在主事七分校期间，先后两次派员到家乡金华、东阳一带招生。由此，浙江中部地区集中了不少原籍金华各县的黄埔同学与眷属，两岸同胞血浓于水，在以后的对台交往工作中做出了突出贡献。

黄埔军校生活

一九二九年农历四月十五，我出生在南京。三岁时，我被送

吴兆宁：黄埔教育长之子的促统联谊三十年

回到老家东阳新城（今东阳江镇新东村），由祖父母抚养成人。

1948年从杭州安定中学高中毕业后，受父亲的影响，与同乡兼同学黄悦澄等3人来到南京，报考了黄埔军校23期（校本部在成都）。其时，辽沈战役结束，淮海战役已经打响了。

吴兆宁在黄埔军校

被录取的学员结伴在南京浦口上船，坐长江航轮，经过四天四夜才到达武汉，再换船到宜宾，从宜宾再到重庆，然后转车前往成都的校本部报到，暂住军校东大门外的文殊院。

到达军校时，军校领导层有了变化，蒋介石已辞去校长职务，改由原教育长关麟征出任校长，父亲吴允周接任军校的教育长之职。

父亲听说我们的到来，派车将我和几位同学以及招生处负责人一起请到家中吃饭，饭后将我们一起送回驻地。

吴允周教育长（摄于20世纪40年代）

第二天，我与同学们被分配到双流接受入伍生教育。我三岁时离开生母，十二岁时生母客死平凉。如今虽有继母和几位同父异母的弟妹，可是，在那次难得的见面机会中却没有任何交流，不免留有几分悲伤。

黄埔22期第2总队师生合影。前排居中者为关麟征校长
（摄于1949年3月3日）

那时，国共内战加剧，成都校本部虽已录取新生1000余人，实际上只有400多人前来报到，校方延宕到1948年12月才开课。

入伍生编为3个中队，我在2中队受训，直至1949年2月，才分派到炮兵科。我的两位同乡——黄悦澄与我同队，蔡国平（蔡忠芴侄儿）则被分配到通讯科受训。

1949年1月，人民解放军在淮海战役中取得了决定性胜利，国民党军节节败退，为了补充前线的军事干部，到了2月，原定4年制教育的22期学员提前毕业离校。

接下来，北平"国共和谈"破裂，解放军已兵临武汉城下，川东也告急了。8月，蒋介石飞抵重庆，校长关麟征接任陆军总司令，由此，调张耀明出任军校校长。

9月12日，蒋介石自重庆抵达成都。14日，蒋到军校对师生训示阅兵，父亲任校阅官兼总指挥。11月初，军校原拟迁往云南大理，因云南生变，只好中止。同月下旬，解放军长驱直入，攻占綦江，重庆也面临解放。

30日，蒋介石集合23期官生训话，告诫完成迁校、保校以及建国复国的神圣任务，宣布23期学员提前毕业。同时，命令台籍学生空运至台。我们23期未及分配的学生并同刚招收的24期新生向西昌迁发。

在迁校前（12月初），我的后母携弟兆麟、妹亚莉与军校眷属先行乘机飞台，父亲留蓉待命。记得那些日子，父亲叮嘱我说："你虽为教育长之子，亦当与同学同生死、共患难。"父亲直至22日才搭机离蓉，先去海口，后转往台湾。

12月，军校师生及教导团计两三千人在教育处长李永忠的带领下，在迁校途中宣布起义。

参加解放军

成都军校起义后，我们被编入解放军18军团60军教导团随营学习，时胡耀邦任兵团政治部主任。后学校更名为"西南军政大学川西分校"。学习3个月后，我们参加了修筑成渝铁路工程。

10月，朝鲜战争爆发，我申请加入中国人民志愿军。

吴兆宁：黄埔教育长之子的促统联谊三十年

吴兆宁（摄于20世纪50年代）

1951年2月，我赴朝参加第五次战役，任炮兵营第3连见习副排长，由于在火线上表现积极，我被提干入团。第五次战役后，在后方休整时的政治运动中，我因历史原因被遣送到东北辽西军区北镇县学习大队，军事管制2年。

1954年10月，我被遣送回到东阳老家务农。当年，我年轻力壮，在老家新城从事农业生产，可说是个好把式，什么耕田、插秧、种地，甚至焐草木灰这些技术性较强的农活，样样拿得起，与当地的农民几乎没有什么差别。

1974年起，我在老家新城五七高中、中学、小学当"赤脚教师"12年。

担任东阳政协副主席

党的十一届三中全会后，我被落实政策。1981年，当选为省、市两级人大代表。1984年9月，东阳县政协召开六届一次会议，时年55岁的我有幸被推举为特邀委员，并当选为政协副主席，自此连任六、七、八、九届专职副主席。与此同时，我亦被推荐为金华市政协委员（任第一届常委，第二、三届委员）。

1990年，在东阳县五届政协期间，增设了对台侨务组。由于这项工作原先已经有了一定的基础，到了第六届政协会议时，又分设对台工作组、侨务工作组两个小组。至第七届政协时，根据对台工作的新形势，为了工作需要，对台工作组改称"祖国统一工作委员会"（简称"祖统会"）。经常委会分工决定，由我担任对台小组组长和祖统会主任委员。

1998年4月，县政协换届，当时我已70岁，才离开工作岗位。

可以说，任职政协委员、常委、副主席的这20年政协生涯，是我一生中最愉快、最光荣、最值得怀念的日子。我非常珍惜这段难得的工作经历，在领导的帮助指导下，我与政协同仁合作共事，融洽相处，同舟共济，肝胆相照，亲身参与了促进祖国统一的工作。

在全省各市区县中，东阳去台人员和港澳同胞人数较多，也是全省的重点集中区域之一。在县委统战部与侨务部门的帮助下，我们基本摸清了全县（市）台属、侨属的情况。同时了解到，在台湾和香港均有东阳同乡会组织。

1985年11月28日，东阳召开全市台属代表会议，成立台胞

吴兆宁：黄埔教育长之子的促统联谊三十年

台属联谊会，我当选为会长。会上，确立了"发扬爱国主义精神，联络感情，增进友谊，共同为东阳经济服务、为统一祖国服务"的宗旨。

1987年后，台湾当局开放了民众可以大陆探亲，对台工作出现了新形势，我们的对台工作也越来越具有广泛的群众性。由此，加强对台属的宣传工作，发挥台属的特殊作用也显得日益重要。为此，经领导同意，配合对台工作部门，我们于1987年1月8日至18日在台属较为集中的吴宁、巍山、上卢、六石、南马、湖溪六个点，分别召开了台属新春茶话会。各点加起来共计有台属600余人参加，同时，我们邀请台属所在镇、乡党委的一名成员参加，会议各为一天。

我们分点召开台胞春节茶话会，就是为了扩大宣传面，加深对台情的了解，许多台属将其亲属返乡探亲的行程及时与我们沟通，方便我们及时做工作。

1988年清明节前，台北东阳同乡会组织了132人的返乡探亲团，在总干事赵菊芳、副总干事李荣琦的带领下，分两批回来探亲。他们的航班、车次以及大部分成员的名单，都由东阳台属提供，方便了我们的接待工作。临行时，我们送给探亲团东阳木雕《东阳风光》，至今仍挂在台北同乡会会馆的正厅。

那一年，返乡探亲的台胞共有687人次，包括退役将军、博士、高级工程师、商人，还有台北同乡会的理监事，高雄浙江同乡会的理事长。他们有中华人民共和国成立前去台的第一代台胞，也有在台出生的第二代台胞，不少人在台办企业、经商或从事文教工作。

台联会理事也能自觉配合政府搞好接待工作，台胞普遍感到满意。返台后，不少人纷纷撰写《返乡观感》或《探亲纪实》，刊载在同乡会的会刊上。可以说，1988年的接待工作，为我后来4次去台进行联谊活动打下了良好的基础。

做好台胞、台属工作

宁波有个船王包玉刚，通过联络回乡投资办厂。东阳也有一个台湾报业巨子王惕吾，他的一个亲戚赵惠仁是省政协委员、金华市政协常委、县政协副主席。在1982年春节召开的一次全县台侨属座谈会上，我与赵惠仁相识，很快就成为无话不谈的朋友。为重修王惕吾祖坟的事，我多次到过王先生老家王家村。王家祖坟修复后，我拍摄了一卷录像带寄给王惕吾先生。

有一次，赵惠仁哥哥赵克仁回乡探亲，我参与了接待。赵克仁表达了王惕吾有意赞助东阳办教育的意向，王惕吾想在东阳办一所一流大学。我听了，觉得办大学并非易事，当时大学招生由国家统配生源，层层审批，手续比较复杂。办成后，还要常年投入巨大财力，东阳尚不具备这些条件。我建议他设立一个王惕吾奖学基金会，支援东阳的教育事业。

1989年5月，赵氏兄妹去香港会见了王惕吾先生，我送他们去杭州上飞机。在那次见面中，初步确定了王先生回乡办教育、开办医院等多个项目的意向，也确定了王惕吾奖学金的设立。

吴兆宁：黄埔教育长之子的促统联谊三十年

我的台湾探亲之旅

到台湾探亲是我多年来的愿望，在1989年终于梦想成真。

1949年以后，我们一家人分居中国台湾、中国大陆和美国三地。1972年才有通信联系。1984年年底，我到政协机关工作后，曾去过香港会亲。1985年，外甥从美国来北京大学读书，我到北京去看望过他。

1987年，我的六弟从美国回东阳老家祭祖扫墓，政府不仅出面接待，还落实归还了父亲在东阳城内的老宅，给了我一个安稳的家。后来，我4次到台湾探亲，所见所闻，更加深了我对完成祖国统一大业的信心。

1988年11月7日，台湾开放大陆同胞去台探亲。

1989年8月21日，我第一次踏上了台湾的探亲之旅。在行前，可说做足了准备工作，我梳理了近几年来接待台胞时的记录，列了一份港、台两地需要拜访人士的名单，与此同时，走访了他们在大陆的亲戚，为他们捎信带物。此外，还摘录了当年东阳"七二三"洪灾的实况录像等。我于8月21日启程，11月21日返回东阳，全程整整3个月。途径香港时，在同乡会会馆又停留了7天。我先后4次拜会了王惕吾先生，就他捐赠的项目进行商谈。这是行前东阳市梅峻书记、童德成市长、陆锡经主席交代过的任务。

8月28日抵台，父亲见面的第一句话就是："王先生刚来过电话，约你明天十点去《联合报》见他。"

次日早上，正在吃早饭，台北东阳同乡会理事长吕秋文就打电话过来，约定8点前由他陪我去《联合报》社。事后我才知道，王先生住在阳明山，怕我不识路，请吕先生带我过去。

我们一起到了他的办公室，我向他表达了东阳市领导对他的问候。王先生和蔼可亲，离乡多年，仍是一口浓重的乡音，无形中拉近了彼此的距离。谈到资助巍山医院项目时，王先生有些犹豫了，因为他的祖家王家村离巍山很近，虽说方便了王家村的村民，可是那里是乡下，人口稀少，怕"摇风"（东阳话，病人不多）。

我说，东阳县城是全县中心，居民稠密，已经有了一座初具规模的人民医院，如果再投入资金是最好不过了，可以派个行家去考察一下。派谁去呢？我提出派我在台的初中同学徐日晖。徐曾任台湾空军医疗处处长，退役后担任台湾一家医院的院长，而且，徐的父亲也和王家关系密切，他听了觉得我的主意不错，当场致电徐日晖商量细节。

我到台北后，《东阳同乡会刊》登载了我到达台湾的简讯，因此，差不多每天都有宴请的电话，还有人专程从高雄、台中赶来见我。有一天，东阳同乡会的王人豪过来看我，他是我初中时的老师，建议我可以在同乡会发起"七二三"洪灾救灾募捐活动。

9月3日，同乡会召开理监事会，邀请我参加，许多理监事我都接待过，其中也有我中学和小学的同学。开会时，我介绍了洪灾的实情，因行前有准备、有事例、有实据、有数字，大家听了更加关心。

王人豪第一个发言，提议募捐救灾。会议主持者陈和贵带头认捐1万美元，其他人也纷纷解囊，这次活动共募得3万多美元。讨论到如何将募款发放到灾民手中，有位理事提议由同乡会派人

吴兆宁：黄埔教育长之子的促统联谊三十年

到东阳亲自发放，以免有人"侵吞"。我说，这样做不合适，这是对家乡人民的不尊重。我提议交给当地红十字会或民政局发放，登记造册。同乡会可以监督，大家采纳了我的意见。

11月12日，台北黄埔校友会（西安王曲七分校联谊会）200余人集会，因父亲是七分校的教育长，我又是黄埔末期学员，特别邀请我以师弟身份陪父亲参加。在会上，我介绍了东阳黄埔军校同学会的活动情况，当时东阳市黄埔军校同学会有会员218人，其中72人是七分校的，我代表东阳同学会向大家表达问候。

有一天，台北东阳同乡会副理事长陈和贵先生宴请，陪客有胡仪敏将军，东阳南湖人，曾任台湾情报局副局长。因"江南事件"受牵连，被革职服刑两年多。见面时，我说："久仰大名，在'江南事件'中，你是代人受过。"他听了，很高兴，说道，我很想回乡探亲，只是在台湾情治系统做过事，不敢回去。经我解释后，他消除了疑虑。

以后，他每次返乡探亲时，都要来看我。有一次，他返乡探亲，我陪政协副主席郭俊喜去南湖看望他，见面客叙后，他拉我到一边交谈，说道，受蒋纬国的委托，要我到北京了解一下蒋介石父子灵寝回大陆入土为安的事，要我谈点看法。

我考虑了一下说，根据目前两岸的局势，恐怕还有些困难。

1990年4月，我第二次去台湾。我家兄弟姐妹9人，分别在中国大陆、中国台湾，有的远在美国。父亲有一个大团圆的梦想，要我们一起到台湾相聚。但是，大家相距甚远，各人都有事，很难实现团圆之梦。

那次到台湾我做了4件事，一是向在台亲友讲解了千岛湖事件真相；二是在台北东阳同乡会的理监事会上，解释了吕秋文为家乡捐资办学而引起的误会；三是协助东阳木雕厂在台北举办木雕精品的展销活动，请王惕吾先生到场剪彩；四是拜会了台中县劳动协会，协商了该协会驻东阳办事处的有关事宜。

我的第三次台湾之行是在1992年。行前，东阳市委领导特别交代，要我向王惕吾先生提出帮助修建地方铁路的事。

到了台湾，父亲为我预约了见面的时间。那天我在东阳同乡会的吕秋文理事长陪同下到了王家公馆，王惕吾已经在大门口迎接我了。

进了客厅刚坐下，他就说："我对农业项目有兴趣，台湾的农业很先进，想为家乡搞一个有关农业技术培训的项目。"

我心里有数，在到王家之前，我已经与几位同乡提到修建铁路的事。王先生也估计到我会提到，他的这些话就将我的口封死了。我也就不提修铁路了，顺着他的意思，建议此事由东阳农业局或科协来办。

那天来的还有另一个人，台湾高等法院院长葛义才先生。一见面，他就对我说："我们总算见面了，上一次是想见不敢见，今天是王惕吾做东，我做陪客，一大早就从花莲飞过来。"我和葛义才是初中同学，我第一次去台湾时就想约他见面，那时他任台湾高等法院台南分院的院长。

我第四次去台湾是1996年8月，到台湾为父亲奔丧，也是我最后一次到台湾。王惕吾先生已经过世，再也没能见到他了。

吴兆宁：黄埔教育长之子的促统联谊三十年

1992年2月6日，吴兆宁与台湾联合报系创始人王惕吾（左）、农业专家施嘉昌洽谈农业技术培训项目

父亲的丧事很隆重，黄埔军校从15期到23期的同学均派代表前来悼念，我们23期黄埔军校毕业的16位同学也来了，大部分是朝鲜战争第五次战役被俘后去的中国台湾。我们相互叙述各自的经历，在交谈中我了解到，23期同学中，在1949年12月底前离开大陆与朝鲜战争中被俘去中国台湾的共有60多位，多数在军界服役，少数从商。

我的4次台湾之旅，既加深了两岸同乡的感情，结识了更多的同乡，又领略了台湾的风光。既看到了宝岛经济繁荣、交通便捷、物质生活富裕的一面，也看到了一些社会阴暗面，看到了"台独"分子的嚣张，给台湾社会带来的种种忧虑与不安，这些促使我更积极地工作,为促进祖国统一多做贡献。

吴允周一家人。中坐者为吴允周,后排左一为吴兆宁
（摄于20世纪80年代）

陈菊南：一位抗战老兵的黄埔情怀

2017年5月6日，我们到访杭州转塘街道郎君庭园君澜阁陈菊南寓所，访问了这位抗战老人。以下就是他向我们讲述的一生的经历。

陈菊南先生近照

青少年时代

一九二四年农历三月初九，我出生在浙江嵊县甘霖镇汉溪乡大邱岩村，我的父亲陈盛超早年在乡里务农，后来到杭州宏记营造厂打工，开始时在钱塘江边修筑塘堤，有时也做些小买卖。

20世纪30年代，钱塘江开始建造大桥，父亲当了个小包工，参与钱江大桥公路的修筑工程。可以说，父亲收入还可以，能寄钱回来供养我们几个小孩读书。

我家兄弟三人、两个妹妹，大哥身体不好，自小就在家里养病；二哥陈桂南聪明能干，小学毕业后，到杭州清波中学就读，初中毕业后考取了福建马尾的海军学校（那所学校不收学费）。随着抗战爆发，日寇大举进攻，海军学校西迁内地。由此，哥哥转到桂林的陆军军官学校继续学习。毕业后（黄埔15期），被分派在19集团军70军107师任少尉、中尉排长。1941年，在上高战役中不幸牺牲。

消息传来，全家人号啕大哭，母亲数度昏厥，忧疾交累，身体就此每况愈下。

此时，我已在甘霖小学毕业，家里希望我小学毕业后，能到城里去当学徒，赚钱养家糊口。当时，嵊县已被日军占领，百姓四处逃难，人心惶恐不安，我目睹日寇铁蹄对家园的蹂躏，国仇家恨，一齐涌上心头。此时，听说村里有个族人，叫陈孔达（保定军校毕业），在福建担任70军军长。于是，我与村里几个伙伴合计了一下，决定一起到福建去找他，投笔从戎，保家卫国。

陈菊南：一位抗战老兵的黄埔情怀

我们从嵊县出发，徒步来到福建。

此时，我们几个人算是从沦陷区出来的流亡青年了。

参加抗战

我们找到了陈军长，战争时期，军队正需要补充兵员，我们的到来恰逢时机。我读过书，在部队里算是有点文化了，担任了70军上士译电员，后又升任准尉、少尉译电员，办公桌就在军部旁边。

1944年年初，日军在福建登陆，占领了福州。70军被迫转移到了连江县驻防，部队在福州、连江一带活动，成立了闽东前线指挥部。部队与日军有过多次正面接触。我以译电员的身份，参与了福建前线的抗战。

1944年4月，我被司令部保送到陆军军官学校学习。陆军官校在江西瑞金有一个分校，我奉命到瑞金分校报到。

当时形势相当严峻，赣州已经失守，日寇步步紧逼，瑞金随时可能受到敌军攻击。因是非常时期，学校缩短了受训时间。我们只在军校学习了一年多。1945年5月，大家提前离校上前线了。我是保送生，军校毕业后又回到了70军。此时，我已升任中尉排长，不再做译电员了。

又过了几个月，日本人宣布投降，战争结束了。抗战胜利后，国民党军闽东前线指挥部撤销，70军奉命到台湾接受日军投降。部队立即开拔，我们乘坐美国海军陆战队运输船，在高雄登陆。

刚到台湾时，满目疮痍，到处是战火留下的痕迹。当时，陈仪成为台湾省政府主席。接收完成后，70军进行了整编。我所在的师番号为74师，陈孔达军长已调任台湾警备司令部副司令。全师开始在台整训，部队由台北调到台中，又从台中调到高雄凤山训练营。在凤山，我们训练从台湾本土补充的新兵。

1946年12月，我所在的74师奉调回大陆，驻防山东（当时师长是陈颐鼎）。次年，我忽然接到家里接二连三发来的加急电报，只有几个字："母病危，速回。"战争时期，部队很难请假，不过，长官还是特例批准我回家探亲。我拿着电报，连夜匆忙赶回嵊县。

到了老家，进门后才知道，母亲虽说生病，但还不至到"病危"的程度。那时父母正在为我担忧，二哥已经为国捐躯，大哥患病致残，他们不想让我再冒生命危险继续参加内战了。

回到江南，耳闻目睹一片歌舞升平景象，与前线的你死我活形成了鲜明对照，我也不想再回去。于是我到了杭州，在西冷冰厂（今"五丰公司"）找到了一份工作。

那家厂专门制作冷藏冰块、冰棍之类的冰冻品，在杭州算是一个比较新式的厂家。我成为这家厂的业务员，一直干到1949年5月杭州解放。

从20世纪50年代到改革开放

中华人民共和国成立后，我听说杭州干部训练班（下称"干训班"）正在招生，招生办事处设在南山路（今中国美术院那个位置）。我赶紧跑去报名。被录取后，成为干训班第3期学员，我们先在云栖上课。

陈菊南：一位抗战老兵的黄埔情怀

后来，我被调到浙江省干部学校继续学习，校本部设在灵隐，学员在上天竺开课。我们参加了为期4个月的土改专训班。

陈菊南参加干训班时期的合影

训练结束后，学员们下乡搞土改工作。1950年9月，我被分配在义乌县委土改工作队，队长是义乌县委宣传部的洪土部长。12月，在全县土改工作总结大会上，由于我表现出色，工作积极肯干，被评为"三等功"。

1950年年末我返回杭州，再次回西泠冰厂工作。那家厂不大，夏季忙时有60多个工人，冬季只有20来个员工。此时，又有一个机会降临到我身上，上级要求工厂组建工会，我参加过市里组织的干部训练班,又从事过"土改"工作,写写说说,这些事都行,受到大伙的拥护,自然而然地成为工会活动的积极分子。

接下来,抗美援朝开始了,杭州西泠冰厂工会做了许多动员工作,诸如,贴宣传标语、写黑板报、绘招贴画等,多由我带头,常常受到上级的表扬。

1952年5月3日,我与孙根凤结婚,后来,我们有了一个儿子陈可人,一个女儿陈小桃。一家人过得平静安逸。

20世纪50年代,陈菊南(右一)与家人合影

1954年,西泠冰厂提前"公私合营"(全国范围内的公私合营是1956年开始的)。到了1958年,我的工会工作也不再做了。不过,我仍然在厂里做业务工作。

到了1960年,全国开始"大办农业",杭州的一部分机关

陈菊南：一位抗战老兵的黄埔情怀

干部与职工要下放农村参加体力劳动，西冷冰厂（属于财贸系统）也要下放农场。由此，我到了老余杭的大溪河农场。好在虽然下放参加农业劳动，但户口不迁，粮油关系仍在杭州，工资也由原单位照常发放。

许多城里人对农田劳动力不从心，不过我倒是干得得心应手，我本来就在农村出生、在农村长大。小时在乡下放过牛、牧过羊、打过柴，样样农活拿得上手，很快就被提拔为小队长、中队长。我还办了一家小厂。在大溪河农场，我见到场员碾米后将剩下的碎米与糠，全拿来喂猪，觉得有点可惜，于是帮农场办了一个饴糖厂，即先将稻谷轧成大米，用剩下的糠与碎米做饴糖，再用制作饴糖剩余的米渣及糠，当作喂猪饲料。

从我1960年下放农村到1962年调回杭州为止，那段时间，正是国家最困难的"三年自然灾害时期"。

回到杭州，我仍回到西冷冰厂工作。此时，西冷冰厂已更名为杭州冷气制品厂了。在1963年下半年，厂里搞了一个"三清运动"（干部下放车间劳动）。当然，我这个业务员也坐不成办公室了，只能到车间去与工人师傅一起干体力活。我想，以前在办公室里当干部，对工人情况了解有限，现在给了自己一个机会，可以真实感受一下工人兄弟的劳动与生活了，在技术上也可以有所长进。

1968年，我被调到车间当小工。好在我在冰厂工作多年，厂里的各个工种我都拿得上手。到了70年代，杭州冷气制品厂开始生产速冻食品了，这是全市首家制作速冻食品的企业。

改革开放后，我成为杭州冷气制品厂基建办公室负责人。那段时间,我起早摸黑地工作,得到了工友们的夸奖。其实,我只是对这份工作比较专业,因为早年在黄埔军校读书时,就学过建筑绘图、筑路测量等,可说轻车熟路。那些日子,厂里造车间、盖职工宿舍、筑冰库,一天到晚忙不过来,一直干到1984年退休为止。

1988年8月,陈菊南退休前在云栖疗养时留影

退休前,厂里特别安排我到杭州云栖疗养院休息了几天,是对我多年来为冷气制品厂做贡献的一点慰劳。

服务社会

记得1978年的一天,当时我还在冷气制品厂上班,我在《团

陈菊南：一位抗战老兵的黄埔情怀

结报》上见到一条消息，中国国民党革命委员会（下称民革）恢复了，工作范围是团结与国民党有关系的"党政军中、上层人士"。我见了，拿着报纸跑到市民革去问了一下："像我这样的国民党'下层人士'算不算？"

说实话，我这个"国民党员"还是在做译电员时集体加入的，当时只发了个党证，从没有参加过国民党组织的任何活动。不久，连那个党证也在抗战中弄丢了。在中华人民共和国成立初的干部训练班里，又集体退出国民党，还能加入民革吗？自己也没个谱。

自从加入民革后，因我住在朝晖新村，成了民革朝晖支部创始人，也是主委。民革朝晖街道支部是杭州民革的第一个设在街道的基层组织。当年家在朝晖街道的民革成员有不少，有些人当过国民党军队将领或国民党政府专员什么的，大多年事已高，行走不便。因为我相对年轻，当这个主委其实只是一个服务员而已。

1985年，浙江省黄埔军校同学会成立，我又加入了同学会，并在民革下属的一个中山科技公司上班。从1985年开始，我当选为第九、第十届区人大代表，接下来，下城区第一届政协会议召开，我成为第一、第二届区政协委员。

无论是当人民代表，还是做政协委员，我都尽责尽力做事。例如，有一次我听说在菜市桥附近光裕里有个同学叫蔡国栋，一个人在老披屋栖身，弄点稻草垫在床上睡觉，房里几乎一无所有，吃喝拉撒全在那个漏雨的披屋里。居民区给他安排了灵隐寺守夜的差事维持生计。20世纪90年代，蔡同学已经年老体衰，无力再继续工作了，孤身一人住在那个棚子里，贫病交加，无依无靠。

我将这个情况反映给政协,将他列入了补助名单(当时相关政策尚未出台)。这位同学过世后,我们民革出面与居民区联系,帮着处理了后事。

1994年5月,陈菊南(右一)与台湾原内务部劳工司司长钱江潮(右二)、钱夫人(右三)等人合影

还有一个同学叫邓健行,住在耶稣堂路,1958年被遣返广西老家。可他早年离开故乡,村里根本没有直系亲人,又被当地政府送了回来。这位同学极有才华,能写会画,写得一手好书法。当我去看他时,只见他一人趴在床上,认真地作画,屋里连张桌子都没有,生活全靠老婆一人在街道工厂打工维持。我将这些情

陈菊南：一位抗战老兵的黄埔情怀

况向政协做了反映，不久，他的生活状况就得到了改善。邓同学生前多次上门来对我表示感激之情。每当我想到这些，心情久久不能平静。

多年以来，我参加了各种业余学习班，并且经常为报刊写稿子。改革开放后，我有幸再次服务于社会，参政、议政，获得过不少聘书及嘉奖。这些年来，有在台的亲朋老友到杭州寻根问祖，他们常会过来与我叙旧。我就会向他们介绍改革开放以来大陆所取得的建设成就。1991年年初，台湾某报总编陈绍冲到访杭州，由我牵线促成了杭州新闻工作者第一次访台。

现在，我有4000多元退休工资，生活无忧、儿女孝顺、老伴健康、行动方便。每年浙江省黄埔军校同学会、下城区政府、朝晖街道以及一些中小学都要组织人员对黄埔老人进行慰问，尤其是抗日战争胜利70周年时，国家给予黄埔老兵很高的荣誉，让我非常感动。我感谢党和政府对老兵的关怀与照顾！

浙江黄埔老兵的人生纪实

郑以淼：香炉峰上夕阳红

2016年3月22日，我们到访地处绍兴市中心的鲁迅街，访问了绍兴市黄埔军校同学会会长郑以淼。虽说郑会长已经98岁高龄了，依然身体硬朗，不仅神情爽朗，而且侃侃而谈。

2017年浙江省黄埔军校同学会夏日送清凉

郑以淼：香炉峰上夕阳红

郑老一生的故事，甜酸苦辣，跌宕起伏，令人感慨万千。以下是他的讲述。

青少年时代

我一九一八年农历腊月十七日生于绍兴城里，父亲开着一家黄酒作坊，生产的老酒在地方上有点名气，由此，父亲跑到南京又开了一家出售黄酒的店面，将家制的老酒推销到了京城。我家酿造的黄酒质量好，饮者有口皆碑，在京城有些销路。因此，积累了一点资金。

那些年，父亲希望我长大后能传承家业，继续经营那家店铺。听了父亲的话，初中毕业后，我考进了绍兴的稽山中学（以下称"稽中"），读的是商科。当时稽中商科采用的是上海立信会计学校的原套课本，有《簿记学》《货币概论》《银行会计》等科目。

不过，到稽中去读书只是顺从父亲的意愿，我个人喜欢文学和历史。在中学时就常常给当时绍兴的《国民日报》的副刊投稿，由此，早在1935年我就加入了绍兴的作家协会。我想，如果不是因为后来发生的战争，或许，我不仅可能成为一位出色的黄酒厂经营者，还可能成为一名作家。

报考黄埔军校

九一八事变爆发后，日军占领了我国东三省，全国人民闻讯后，义愤填膺，纷纷上街抗议，市民中掀起抵制日货的风潮，虽然我那时只是一名学生,也参加了抵制日货的活动。

日寇虎视眈眈,全面侵华的狼子野心暴露无遗。许多同学热血沸腾,纷纷投笔从戎,走上前线,保家守土。

1935年,我跑到南京报考黄埔军校,记得当年考场就设在南京的中央大学内,在第一轮考试中,笔试通过了,但是后来在体检时视力不行,没有被军校的步科录取。不过,考官老师见到我失落的情绪,便说:"国家现在需要特种兵,按照你的成绩,不如改读通讯训练班。"听了他的话,我就上了通讯训练班(黄埔14期)。

郑以淼在黄埔军校

当年通讯兵学校设在镇江。在那所学校里,我结识了不少同学,其中有一个人叫蒋仲苓,他是通信器材管理员的儿子,比我小4岁,我们经常在一起打球,一起外出郊游。

郑以淼：香炉峰上夕阳红

经过两年的学习与训练，我于1937年7月30日毕业，被分派到通信1团3营当见习官。

参加淞沪战役

按规定，军校的毕业生有半个月的休假，然后到所在部队报到。于是，我便回到了老家绍兴。未料，只过了一个多星期，到了8月10日，就收到部队的急电，命我即速归队。我接到电报后，马上乘船离开绍兴，准备到杭州乘火车北上，然后归队。

此时，淞沪战争已经爆发。由于战火的蔓延，由上海南下的火车上挤满了逃难的老百姓，车厢里几无立足之地。火车顶上，甚至在火车头旁的高热地方也坐着人，还有人用弹簧上的夹块板将自己紧紧地梆在火车底下逃难。

不过，从杭州北去上海的车倒是空荡荡的。我穿着军装，一个人坐着一节车厢，逆人潮而动，返回部队报到。

在火车停靠站台的时候，难民们知道我是赶往前线参战的士兵，不少人见了，就对我唱起《义勇军进行曲》，还有人给我送来鲜花，让我激动万分！我向他们敬礼致谢，同时，也清楚地意识到，作为一名士兵，保家卫国，沙场杀敌，乃是军人的天职！

回到部队，我被指派到第三战区长官司令部冯玉祥将军的办公室工作，那里是中国军队淞沪会战的指挥中枢，我的主要任务是保证司令部电话的畅通无阻。

我守在电话机旁边，凡有电话打进来，由我先接，再让楼上的冯玉祥接听。如果冯将军要向外打电话，也是由我先摇通话机，再将话筒交给冯先生。外面还有一个电话班，如果线路发生了故障则由他们负责，以保证司令部与前线、后方通信的畅通。

当时，第三战区长官司令部设在无锡华大房庄及梅园等地，为便于指挥沪淞地区的战事，曾经一度将指挥部放在一辆装甲战车（防弹火车）上，火车行驶在无锡、苏州、上海之间。

记得 8 月 23 日，为了动摇中国人的抗战决心，日本空军首次对我方发动了大规模轰炸，他们除了轰炸上海的闹市区南京路以外，还轰炸了上海、苏州、无锡的火车站。此时，指挥部就设在苏州火车站停着的一辆铁甲车上，虽然我军在火车周边架设了高射炮，日机还是俯冲下来轰炸。那时，我刚好穿着马靴站在苏州站的月台上，一颗炸弹呼呼地飞来，躲闪不及，在我的附近"轰"的一声爆炸了。我的脚突然感到震得厉害，原来一块弹片将我马靴上的马刺击碎了，靴子后跟瞬间破裂了，幸好未伤及我。我想，当时如果没有那块厚实的马刺，我的一条腿也许就没有了，真是万幸！

在西南抗战前线

1939 年，我被调到黄埔军校 17 期通信科教育班补训一年。

开始时，学校设在湖南沅江浦市，后来，随着战局的发展，学校先转移到长沙，后又撤退到贵州麻江。

1940 年春，我从通信科教育班毕业，调任 26 集团军通信 3 团 1 营 3 连，担任有线电排上尉排长。我们排跟随司令部驻扎在湖北兴山县。

就在兴山，我又一次遇到了老同学蒋仲苓。他担任集团军总部参谋处中尉通信参谋，刚好与我对接，我们俩共同度过了两年多生死与共的战争岁月。

未久，宜昌失守，南津关成了江防重镇，时有"小宜昌"之称的南津关一时成为战略要地。如果南津关守不住，日军就有可能长驱直入，进逼重庆，危及国民政府的战时首都。因此，南津关的攻防备受中外媒体及全国老百姓的关注。

日军步步紧逼，国家处于生死存亡的关头，我军将士殊死激战，顽强抵抗，一次又一次击退了日寇的野蛮进攻，南津关始终处于我方军队的牢牢控制之下。未料，日军在南津关久攻不下，耍起了花招。1941年1月21日，敌军利用他们掌控的宣传工具，向国内外做了有声有色的报道，谎称日军已经攻陷南津关，直逼重庆，以动摇我方的抗战决心。

重庆大本营看了这个报道后，大为震怒，了解到南津关依然牢牢控制在我军手中，责令前线立即对外做出报道，以正视听。由此，26集团军总司令周岩、参谋长吴仲直二人立即将我叫到指挥部。

吴仲直对我说，我们必须迅速反驳敌军的谎言，草稿已经拟好，通信参谋正在编码。编好后交给你，必须在1月22日零时前发出。同时，他命令我去兴山县电报局坐镇督促，负责监督线路接转，如完不成任务，以军法论处。

接着，通信参谋蒋仲苓将一份加密电报交给我，向我透露说，美联社随军记者发出的报道是，我军最近在宜昌外围歼敌捷报。

因此，我们将此电报发至重庆军委会转美联社，由该社向全世界公布。

我接过电文，只见那是一份有810个字的特长电报，过去经我拍发的电报，最长也就只有500多个字。当年我军仍使用莫尔斯有线电报机，拍发电报须经过几个电报局的继电器转接，由此，电讯信号会明显减损，如果速度一快，符号就有可能有漏点，造成差错。因此，拍发时必须稳中求快，不能有一丝一毫疏忽。于是，我选择我排的曹守康担负这个重任，他是黄埔17期学员，素有办事稳健干练之称。由于他熟练的技术提前完成了这个任务。

次日，美联社就向全世界播发了一条《战场前线的真实状况》的新闻，驳斥了日本媒体的谎言，大大鼓舞了军民的士气。由此，我与曹守康同时受到了总司令的嘉奖。自此以后，这个"810个字"成了我们的外号。

记得前几年我到台湾，那时已是深夜，我打电话给曹守康。他的家人回说："他干了一天工作，已经睡着了，不便去打扰。"

我说："你只要告诉他，'810个字'打电话来了，他肯定会接。"

他在睡梦中听到"810个字"这句话，果真心领神会，一跃而起，过来接电话了。后来我们见面时，还不断地说："你果真厉害，不简单！"

1942年，重庆军委会军训部招考8名少校督训官，我被送到中央集训团训练。结束学习之后，接到上级通知调任重庆警备总部任少校参谋。

几个月后，我申请调到陆军通信兵学校，担任少校教官。此后，

郑以淼：香炉峰上夕阳红

我就在通信兵学校任教官一直到20世纪40年代末。

1949年年初，国民党政权南迁广州，全国面临着解放。当时我对蒋介石的统治已经非常厌恶，决定不去台湾，回到了原籍绍兴。

1947年，郑以淼（后排中）在南京通信学校研究处任助理研究员，与在京同学及家属合影

在专员公署财粮科

回到绍兴后，因为父亲在绍兴有一家黄酒厂，生活不成问题，于是，我就在家里钻研酿酒技术。

我家房子比较宽敞，有400多平方米，绍兴军管区的一个委员正好住在我家。他见我赋闲在家，便说："现在国家需要人，你为什么不参加工作？"于是，他们先派我到绍兴地区财经干校学习，虽说我是学员，其实，我是既当学员，又当教员。因为我读过财经专科，对于财务会计的课程了如指掌，那时，我是一边学习马列理论，一边教书。

1950年年初，财经干部学校结业后，在全体学员中，我是唯一被分配到地区专员公署财粮科工作的人。那些日子，虽说我在绍兴城里有老有小，但是上级有规定，专署工作人员一律寄住在公署内（为供给制待遇）。当时，宁波以东的岛屿及舟山地区尚未完全解放，从绍兴过境的大军非常频繁，由此，筹集、运送军粮成为财粮科的头等大事。

科长虽然忙得不可交开，常常彻夜不归，但是为了解我这个新科员的情况，仍然腾出时间到公署档案室调阅了我的档案。

他坦诚地说："你在财经干校已经将历史问题交代清楚，成绩优秀。我们急需财经人才，专署介绍你去萧山粮食局当主办会计（时萧山属绍兴地区管辖）。"

在萧山义蓬

次日，我背起铺盖，跟随人事干部步行到绍兴西郭汽车站（当时萧山与绍兴不通火车），他替我买了车票，连同一封介绍信，我便上车了。

到了萧山粮食局，局长周兰玉似乎看过了我的档案，说道："我们县局的主办会计已经有人了，你还是到区里去工作吧。那里有发挥你专长的空间，也更有利于你的锻炼与学习。目前义蓬区粮库正缺少一个主办会计。"

于是,我又拿起背包,到船埠头乘船去了瓜沥镇义蓬区粮库,见到了粮库主任戴谷文。当时,萧山政府正抽调大批干部组成工作队下乡。作为粮食干部,我也就自然而然地成了工作队的一名成员。

瓜沥,地处钱塘江南岸,当年南岸大坝的防洪堤主要在瓜沥一带,因塘堤突出于江面,又称"塘头"。早年钱塘江主流北移,南岸大坝以外的地方不时受到大潮涨落的侵袭,成为一片旷无边际的沙滩。由于受到潮水的冲击,泥沙越积越厚,随着时间的推移,沙涨潮退,渐成一些零散的旱地。

早年,在"谁垦属谁"政策的鼓励下,许多乡民迁徙到此,在无主沙地上垦荒落户。他们在垦地四周筑起了一些简易的土堤坝,以防江潮侵袭,顺带水利疏导,栽些旱地作物。然而,那里土咸地瘠,只能广种薄收,生活极其困苦。不过,随着岁月的推移,土质逐渐改善,产量也在不断增长。但是,由垦民零散所筑的堤坝过于简陋矮小,根本无力阻挡稍大一点的潮汐,大潮一来,垦地即被潮水冲垮淹没,农地时常颗粒无收。

为了防范钱塘江大潮的侵袭,垦民只是在垦区筑了一些极为简易的临时茅草屋,用以避风御寒,垦民生活、生产艰难困苦。垦区人民的收入大大不如里畈地区的居民,因而,衣食住行各方面也远远落后于萧山其他地方。

中华人民共和国成立初期,虽然有少数较为富裕的乡民造起了砖瓦平屋,但是,大多数垦民仍住在早年开荒时盖的那种草棚内，这些草舍形式各异、大小不一，其中不少茅屋依然停留在原始的"稻桶舍"状态（形似稻桶倒置的茅屋）。遇到狂风暴雨之时，草蓬漏水进风，甚至大风将草舍揭顶而去，由此，水灾、旱灾、风灾时有所闻，居民极易染病。

当时，瓜沥的交通状况较差，堪可代步的只有一人推的独轮车。水路交通，人与货多用"牛拖船"，就是一艘用一头或两头水牛在水中拖着走的船。我们有时要到杭州去办事，虽然有钱塘江大桥，但离瓜沥太远，于是，大家多在瓜沥渡口摆渡到杭州的九堡、七堡。

由于南岸滩高水浅，渡船不能靠岸，须先由"牛拖车"将人、货从岸上载到停在远处深水中的手划渡船。然后，船工费大力气逆水行舟，划到上游，再迎着激流，顺水划下，到达北岸渡口上岸。这样的过渡方式，又费时又惊险，时有"渡过钱塘江，跨越阎罗堂"之说。

说到吃饭问题，我们下乡干部流动性大，均须步行往返于村落之间。当时采用的是供给制，就餐只能在基本群众家搭伙。定额付给县府统一印发的就餐券，农户可以凭券向政府兑换粮食。

瓜沥多为沙地，不能种植水稻，也就没有大米。我们吃的是杂粮，以六谷为主。沙地土质贫瘠，收成差，灾害多。我们到群众家去就餐时，掀开锅盖，往往见菜不见粮，只有用勺子一舀，才能看清拌有少量六谷糊。不过，瓜沥特产的梅干菜与萝卜干倒是十分美味可口。

1953年11月，义蓬粮库获得萧山县颁发的"劳动红旗竞赛优胜"奖。我们小组全体成员拍了一张合影。

1953年,郑以淼(后排左三)任萧山县粮食局直属粮库会计兼工会小组长时,荣获劳动竞赛红旗,全小组会员合影

在钱江农场

我在粮食局工作了十年左右,到了1959年4月,接到萧山县粮食局的通知,调我到钱江农场工作,自此,脱离了公务员的队伍。

为什么要将我调到钱江农场呢?领导没有解释原因,只是给我一封用萧山县粮食局信笺写的介绍信,上书:"根据形势的发展和农业生产的需要,决定本局工作人员郑以碌(淼)同志去农村参加农业劳动。特给此证。1959年4月24日。"

钱江农场原来叫作"乔司劳改农场盈丰分场",到了1959年更名为钱江农场,接受各地的下放人员。

这样算起来,我从1949年参加工作,一直到1959年到钱江农场,在粮食局差不多工作了十年。

郑以淼,摄于1959年

我有5个儿女,妻子没有工作,除了大女儿已经参加工作外,一家大小全靠我一个人抚养。好在我在农场劳动,发的粮票比别人多,当年我一个月有40多斤粮票。于是,我千方百计省下钱与粮票,寄回家。

"文化大革命"时期,钱江农场改称浙江建设兵团。我在农场一线,参加生产劳动,会计也就不做了。当年农场职工参加钱塘江大塘的围垦,将沿江滩涂围垦成良田,劳动非常辛苦。

1979年,我已经到了退休年龄,与72岁的同事成为首批农场退休人员。

1984年,钱江农场的一个干部送来了"平反证明书"。我见了,有点诧异,说道:"你们又没有给我戴上'反革命分子'帽子,需要'平反'吗?"

他们说,你原来在粮食局工作,一个国家干部,下放到我们农场,现在给你平反,可以恢复国家干部待遇。

我的"平反",只是将原来"农场职工"的退休待遇,改为"干部"的退休待遇,而且,也与其他农场退休干部一样,有了书报费和资料费。

在社区工作

从钱江农场回来以后,一家企业听说我已经退休,回到绍兴城里,主动找上门来,请我去当会计,提出给我每月92元的工资。

不过,令人意外的是,白衙弄居委会(今社区)也知道我退休回家,马上找上门来。居民区此时正缺一名会计,急着到处寻人。为此,居民干部们三番五次登门,有时,一天早上、晚上都跑来。

我的老伴说:"还是到居民区去做,大家都是街坊邻居,不好意思回绝人家,况且,你多年在外地做事,现在离家近,也好有个照顾。"

于是，我到了居委会，应承了下来。不过，居委会只能给我每月 11 块的工资，也就是补足原有工资的差额。我想，工资多少不是问题，我已经退休了，单位里已有一份退休工资。在这里能为大伙做事，就是尽义务工作我也心甘情愿，这也是一份荣誉。在居民区上班，虽说工资低一点，不过，感觉相当愉快。我与居民干部在一起，相处和谐，心里特别踏实。

街坊邻里经常有一些磕磕碰碰的小事，找到居委会说理。我在一旁听了，常常帮他们调解，不知不觉，我除了本职的会计工作以外，又多了一份差使——人民调解员。不管是做会计，还是做人民调解员，我都尽心尽力地去做。

几年下来，我在街坊邻里中赢得了口碑，大家心里有什么疙瘩，有什么困难，有什么想不通的问题等，都喜欢找我，我也乐意为大家服务，为乡亲排忧解难。

到了 1985 年，有一次，街道举行人民代表选举，上级规定必须"差额选举"，也就是提名三个人，只有两人可以当选，有人就提名我当候选人。我心里想，我人也老了，大概只是一个陪衬的角色而已，肯定当选不了。让我大吃一惊的是，竟然高票当选了。听到消息，我不觉说了一句："我是一个'历史反革命'，你们能让一个'反革命分子'当人民代表吗？"旁边的人听了，哈哈大笑，说道："现在政策变了，你也该换换脑筋啦！大家信任你，才选举你当代表的。"

当了人民代表以后，我工作更积极了，更尽心竭力地为居民服务，成了民情上递、政策下传的中转站，成为政府的好帮手。

郑以淼：香炉峰上夕阳红

郑以淼的人民代表当选证书

成为绍兴黄埔军校同学会会长

到了1986年，绍兴黄埔军校同学会成立，大家推选我当会长。

由此，我由居民区调到了黄埔军校同学会工作。对于这项任务，我可说是得心应手。因为我早就知道，绍兴地区散布着不少黄埔同学，有的同学在乡间，生活状态不好，于是，在政协会议上，我向有关部门提出，引起了相关领导的重视。

诸暨地区有不少黄埔同学，许多人年事已高，生活很是不便。有个孤身老人，多年来病卧在床。我了解到这个情况后，向市委统战部做了反映。过了几天，我们由市委统战部的副部长带队，来到那个同学所在的村庄。寻找那位同学的家时，邻居说："这个人两天前就搬到外面去住了。"

根据村民的指点,我们找到了这位黄埔同学,果然,他已经住进了较新的房屋,室内的家具、铺盖等也焕然一新。原来在我们到来前,村里就为这位黄埔同学落实了政策,改善了他的生活条件。

跨越海峡,探亲访友

那些年,我不仅当选为人民代表,也成为市、区两级政协委员。

在绍兴越城区人大、绍兴市政协会议上,我多次做专题发言,对民生政策献计献策,并接受多家媒体采访,同时,还在《中国统一战线》《黄埔》《情系中华》《联谊报》《黄埔浙江校友通讯》《海峡情》《浙江民革》《绍兴统战》《绍兴广播报》《绍兴统战信息》《绍兴黄埔简讯》《绍兴市文史资料》等报刊上撰文,内容包括两岸交流、台情分析、往事回眸、绍兴物产等。

在此期间,我四次跨越海峡,探望在台的亲友。记得1990年冬天,我第一次到访台湾,那时我的许多故旧亲朋仍健在,短短一个月时间,我就见到了70多位亲友。

2002年,我第四次去台湾,见到了久违的老朋友——时任国民党副主席蒋仲苓先生。老友相隔60多年,又一次重逢,不禁感慨万分。当时正值陈水扁执政时期,抛出了"一边一国论"。老同事见面,不免谈到两岸问题,蒋仲苓爽直地说:"国民党一致反对'一边一国论',主张改善两岸关系,只有迅速实现'三通',才能双赢。"老朋友、老同事,开怀畅谈,话投机、心相通，又回忆起当年战争岁月所建立起来的感情。在统一祖国、振兴中华的共同心愿激发下，大家变得越发情深谊厚。两岸中国人，血浓于水，割不断，化不开！

我还到访了埔里酒厂，见到了厂长洪新河（黄埔24期同学）。洪厂长告诉我："埔里酒厂生产的任何食品均冠名'绍兴'，原因很简单，虽然我们人在台湾，但是我们用产品的名称表达了对大陆的感情，对故乡的眷恋！"

1994年，我加入中国共产党，成为一名党员。

如今，我虚岁已经99了，依然身体健康。儿女们均已搬出去住了，身边有一个阿姨照顾起居。我长寿的秘诀在于两个因素：一是保持心情愉快，宠辱不惊，随遇而安；二是勤于运动。今年，我只花了两小时就攀登了绍兴的一座名山——香炉峰，此举足以佐证我的健康体魄。

"人有悲欢离合，月有阴晴圆缺，此事古难全。但愿人长久，千里共婵娟。" 我一生的经历虽然坎坎坷坷，但我依然相信未来的美好，两岸人民血浓于水，祖国统一终会实现。

2016年1月，99岁的郑以淼登顶香炉峰留影

陶尊岳：感激党对抗战老兵的关怀

2016年4月6日与4月15日，在杭州下城区朝晖六区寓所，我们两次登门拜访了抗战老兵陶尊岳先生。

说到幸福的晚年时，老人不由笑了，说道："你说得对，我有一个幸福的晚年生活！这两年来，小学生、中学生、大学生、各级干部、企事业职工、各界群众，纷纷前来探望我。他们给我带来鲜花，给我挂上了红领巾，为我送来水果，还为我送上特制的小红帽，与我一起照相，给我送来'抗战老兵'的锦旗、奖章等，尤其是我获得最高荣誉'抗战胜利'勋章以后，过来探望我的人络绎不绝。每到节假日，总有人过来，让我真正感受到了党的关怀，作为一名普通抗战老兵，我感到无上的骄傲、幸福与荣幸！

"而今，虽说我没有亲生儿女，可是我有干儿子、干女儿、干孙儿、干孙女，每周都会过来看望我，问寒问暖，帮我料理生活，他们不是亲生胜似亲生！孩子们的一言一行，让我真正感受到了人间真情。

"我现在每个月有5697元退休金（我的工龄是按中华人民共和国成立前参加工作标准计算），一年有13个月的工资，可以说，吃穿不愁，生活无虑，身体健康，心情舒畅，过上了一个名副其实的快乐晚年!"

2015年9月15日,
陶尊岳出席"铭记 关怀"华侨与抗战电视文艺晚会

老人又说:"我衷心地感激党和各级人民政府对我的关心,衷心拥护党的改革开放政策,感谢党、政府,尤其是浙江省黄埔军校同学会对我的落实政策,让我有了一个幸福的晚年!

"有人问我,年纪那么大(1926年出生),身体那么好,有什么长寿的秘诀吗?

"我告诉他们说:这么多年来,我的人生跌宕起伏,一生都坚信三个'乐',即'知足常乐,助人为乐,自得其乐'。还有

陶尊岳：感激党对抗战老兵的关怀

八个大字，'生死有命，富贵在天'。所以，我虽然上了年纪，生活仍能自理，早上出去散散步，赏赏花，看看风景，晚上在家看电视，仍能做那么多事，能说不幸福吗？"

老人为我们讲述了他的人生故事——

抗击日寇与中华人民共和国成立前夕

我1926年生于浙江绍兴，七七事变时刚好进入省立绍兴中学（今绍兴一中）读书。但是，日本人打过来了，日军打过钱塘江以后，步步深入，直逼绍兴、诸暨等地。绍兴城无险可守，已经危在旦夕。我们学校被迫迁到缙云的壶镇。我的高中是在衢州省立临时第三中学（常山）毕业的。

1942年，我考进了浙江大学土木系。那些日子，浙江大学迁至贵州，不过，浙大在龙泉设有分校。

虽然我在浙大仅仅读了不到一年的书，而且，时势艰难困苦，学校在战乱中经常迁移，在敌军炮火的威胁下，师生们到处流浪，边逃难，边读书。但是，那些日子，我们仍然学到了许多有用的知识。可以说，那些本领对我的一生起到了举足轻重作用。

大敌当前，日寇步步紧逼，为了躲避战火，百姓流离失所，妻离子散，家破人亡，同学们颠沛流离，到处流浪，目睹山河破碎，家园荒疏，再也无法安心读书了。同学们情绪激昂，谁也不愿再当亡国奴！

我与当时众多热血男儿一样，萌生了投笔从戎、报考军校、打日本人的念头。我将这个想法写信告诉了父亲，当家人听说我准备放弃学业，报考黄埔军校时，还特别来信加以鼓励，希望我杀敌报国，等待我的凯旋！

1942年秋天，黄埔军校正好在金华招生。我放弃浙江大学的学业，报考了黄埔军校七分校。今天回忆起当年那些为国捐躯的同学与战友，真是感慨万千！我的那些同学，那些战友，一个个都是那么才华洋溢，那么英俊可爱。

离开军校后，无数人默默无闻地消失在战场上，而我却幸运地活到了今天，难道能说不幸福吗？

1945年7月1日，我在黄埔军校步兵科（七分校19期）毕业，上级派我到第76军135师405团3营8连3排当少尉见习排长。

上战场仅一个多月时间，到了8月11日，我所在的部队就在宜昌与日军短兵相接，打过一场你死我活的硬仗。我们坚守阵地，击退来犯之敌。

谁又能料到，仅过了一个多星期（到了8月17日），消息传来，日本人投降了。全体官兵们闻讯，个个欣喜若狂，纷纷朝天鸣枪，庆贺胜利。

接下来，我们带领着士兵去接受日军的缴械。我们将投降的日本部队押送到武汉集中，然后，移交给地方部队处置。

一直到今天，回忆起那些烽火岁月，那些悲喜交集的日子，我都会很骄傲地说，我在抗日战争时期参加了对日作战，我打了日本鬼子！我这一生，为国家、为民族的解放事业尽了一份微薄的力量！

抗战胜利以后，我回到老家浙江，担任浙江省军管区司令部

陶尊岳：感激党对抗战老兵的关怀

上尉参谋及国防部青年救国团钱江支队副支队长。

多年来，我与许多进步人士都有联系。我对现实不满的思想经常在言谈中表露出来，引起了中共地下党的注意。

在国民党军队撤离大陆前，党的金萧支队派人与我接上了关系。

1949年5月3日，当解放军准备进城时，由我带领治安部队迎接大军入城（当时解放军是21军，军长是邓海青）。我们将解放军带到民生路国民党浙江省党部所在地。然后，我将部队与武器交给了军管会，并带他们顺利接收四大银行。

后来，我参加地下工作人员训练班学习，后又转到解放军华东地区政治部宣2团1大队，地点在安徽六安。

1949年年底，受训人员拿了"起义人员证明书"回到杭州，我被安排在杭州市公安局情报科工作。后来，被任命为新生冰厂的副厂长。

陶尊岳和战友的女儿

历经坎坷 无怨无悔

1951年4月,"镇压反革命运动"来了,我被打成"反革命分子"。

其实我还算幸运,领导看到我的档案,知道我读过浙江大学土木系。由此,上级派我到省劳改局技术队做设计工作。

我吃的苦头不多,虽是劳改犯,做的工作却是设计房屋。那时国家的建筑政策是反浪费,房屋设计的目的是要"解决有无的问题,而不是好坏的问题"。因此,在设计中我采取了一些新技术、新方法,将造价尽量降低。

记得建设银行在惠民街造一幢宿舍,原来每平方米要100元的费用,我设法将它降到了30元。这个办法在建筑界有点影响,当时《浙江日报》还专门做了先进事迹介绍。

到了1955年,国家对知识分子落实政策。那时,国家统一评定职称,我被评为"技术11级"。

到了1957年,我被评为"劳改积极分子"。4月,我提前2年释放。虽然被释放,我必须仍留在劳改局建筑总队里工作,不过当时已经改名"钱江建筑公司设计队"。那时我已经不是犯人了,而是建筑公司职工。

到了1970年,我下农村"接受群众专政"。因此,我回到原籍绍兴。

1973年,柯桥公社成立了一个建筑队,将我叫去造房子。

我的工资比照生产队的最高工分,也就是在建筑队里拿了工资,然后,再向生产队购买口粮。那些年,除了向生产队购买粮食换工分以外，我每天还有3毛钱的补贴（一个月有9元的补贴费）。由此，我的日子开始好起来了。

1975年，我成为绍兴县柯岩公社建筑队的工程师。

1976年，"四人帮"被打倒了，我所在的柯岩建筑队更名为"绍兴县第二建筑公司"。这家公司成立了一个杭州办事处，我成为杭州办事处的技术负责工程师。

到了1978年，党中央平反冤假错案。于是，我向杭州法院打了报告，请求平反。

1989年，给我正式落实了政策。自此，我有了工程师职称。记得我1989年的工资是500元，比一般工程师拿的钱还要高一点，因为我在绍兴的建筑行业已经有了点名气。

1993年，柯桥镇政府发文件，我退休了。那年，我在浙江金昌房产公司当总工程师了，只是退休待遇尚未落实。

我有了一个幸福的晚年生活

2012年，我打报告给浙江省黄埔军校同学会，向省委统战部反映了我的情况。而今，党和政府给我的退休待遇是按"中华人民共和国成立前参加工作"人员比照的。

从那时开始一直到今天，我有了一个幸福的晚年。

我已经91岁了，身体好，生活不错。

我一直到60多岁才结婚，妻子伴我走过20多年的路程，前两年过世了。虽说我们没有亲生子女，但是，现在有那么多人在关心我，让我真正感受到了一个幸福的晚年。

我的继子、干女儿，在我拿"低保"的时候就经常来看我，时常给我烧菜，还帮我料理一些家务事，陪我聊聊天。

大家（干儿子、干女儿）彼此之间有默契，不用讲，每个星期都会有人轮流过来。当然，浙江省黄埔军校同学会、区、街道、社区工作人员也常常过来看我，尤其是社区人员、志愿工作者对我无微不至的关怀，在此我深表感激！

卢良鉴：喜度"白金婚"的幸福老人

2017年3月4日，我们到浙江台州市黄岩区访问了抗战老兵卢良鉴先生。卢老为我们讲述了他的故事。

在小学与"省立六中"师范班学习

我一九一九年农历九月十八生于黄岩县西部山区的乌岩乡。父亲卢秀金在我8岁时就不幸去世了，留下了兄弟四人，我是最小的一个，母亲含辛茹苦地将我们拉扯成人。儿时，我在乡里的乌岩小学读书。"九一八事变"爆发后，日军步步紧逼，侵略我国，激起了全国人民的极大愤慨。在校时，教师经常向我们讲抗日救国的道理。老师要大家记住，我们的敌人是日本侵略者，我们一定要团结起来，抗击日本鬼子的侵略，保卫自己的家园。

小学毕业后，我考进了设在临海（今椒江）的浙江省立第六中学（今台州中学）师范部（当年学校分中学部、师范部两部分）。上学时，母亲再三叮咛："你的三个兄长都去当兵了，只有你一个儿子留在我身边，别走了，读好师范，将来在乡里当个教书先生。"

父亲去世得早，家里经济困难，读师范可免交学费，这也是母亲让我报考师范学校的初衷之一。师范部是四年学制，不过，到了毕业那年（1938年），学校已更名为"浙江省立台州中学"了。

当时，日军侵华的战火燃及大片中国土地，和平宁静的生活遭到破坏，尤其是淞沪会战爆发后，日机疯狂地向周边地区狂轰滥炸，台州也难于幸免。同年8月，5架日机轰炸黄岩城。日舰出现在椒江海面上，炮轰海门。日机对黄岩城区民房大肆轰炸，百姓纷纷外出逃难，离乡背井，流离失所。师生耳闻目睹，个个义愤填膺。

学校的老师向我们讲了许多抗日救国的道理，其中有一位老师叫项风（又名项道鹏），说道："日本鬼子打过来了，国之不存，民将焉附？每个爱国青年都要奋勇当先，保家卫国，抗击日寇的野蛮侵略。"

当时局势紧张，大街小巷，各行各业的人都喊出了"抗日救国"的口号。战火渐渐逼近台州时，学校组织了一个战地服务团，为前线将士服务，项风老师成为战地救国服务团的团长。在会上，他鼓励大家踊跃报名，上前线杀敌报国。

那时兵荒马乱，人心惶惶，老百姓纷纷四处逃难。我们问项老师："今后该怎么办？究竟怎样才能报效国家呢？"

项老师说："如果不愿做亡国奴，就应当到后方去，学会杀敌报国的本领，我愿意带领大家一起到后方去。"

投考黄埔军校

同学们热血沸腾，许多人决定跟项老师一起走，同行的还有

卢良鉴：喜度"白金婚"的幸福老人

女生。经过十几天的跋山涉水，终于到了湖南。在长沙，时局依然动荡不安，大家只好分头寻找门路，各奔东西了。一位同学叫韩发逵，去了延安（中华人民共和国成立后成为嘉兴地委书记），还有一个女同学叫郑曼（原名郑香云），路桥人，投考了战时干部4团（后成为诗人臧克家的夫人）。我与表兄卢巽良、许承志（临海人，后来去了台湾）及其他5个青年，听说陆军军官学校正在招生，于是大家去报了名。

年轻时的卢良鉴

录取后，在教官带领下，我们从长沙出发，步行20多天才到达湖南武冈县陆军军官学校二分校所在地，校舍设在武冈县萧家祠堂。班里有个同学叫孔令晟，与我很熟悉，他是常州人，听说是财政部长孔祥熙的儿子（后成为台湾海军陆战队中将司令）。

在军校，我们既要学习排兵布阵、战略战术，又要训练体能，学习生活十分紧张。由于日军大举进攻，大片国土沦陷，形势越来越严峻，原来陆军军官学校为3年学习期限，改成一年半，没有见习期（后来又回校补训一年毕业）。在学校里，我们学会了抗击日寇的基本本领后，就走上了炮火纷飞的战场。

上前线抗击日寇

1939年年底，我被分派到第90军61师战车炮连任少尉排长。军长李文，师长钟松（浙江松阳人，黄埔2期学生），还有屠岳嵩等人也在同一个师团。刚刚报到，部队就开拔了，我随部队直接上了前线，61师驻防在陕西省韩城县杨村。1942年10月，我又调到82团（团长石涤非）的8连任排长。

我所在的第90军与日寇有过一次非常激烈的交战。日军在进攻我河南、山西防线失利后，派出装备更加精良的板垣师团，准备抢渡黄河，打开我方前线缺口，然后，进攻大西南。一旦黄河防线失守，就会直接威胁西南地区的大片土地，陪都重庆亦会受到严重影响，后果不堪设想。

板垣师团的一支部队企图从禹门口（即龙门，大禹治水的地方）渡河，继而进攻西安。可是守卫黄河前沿的预1师只有一个连的兵力布防在禹门口。师长担心力量不足，向驻扎在附近的61师的石涤非团长请求支援。

此时，我已担任61师的上尉连长，我们这个连队是全师的前卫部队，也是精锐力量。石团长下令，由我带领全连弟兄迅速赶赴前线增援，必须在拂晓前抵达禹门口。于是，全连战士整装

卢良鉴：喜度"白金婚"的幸福老人

出发，星夜赶往战地。黑夜行军，不能亮灯，否则会暴露目标，遭到日机轰炸。经过近一夜的急行军，终于在天亮前赶到了禹门口，驻守阵地预1师的那位连长见到增援部队赶来兴奋极了，全体官兵士气大振。

我与连长寒暄了几句后，马上带领几个排长到前沿熟悉阵地。我军布防的黄河沿岸，与敌军只是隔岸相对，用望远镜观察，可见到对岸敌人布防的阵地。只见他们正在登从老百姓那里夺来的木船，也有橡皮艇，准备抢渡黄河，日机还不时在低空盘旋侦察，一场硬仗一触即发。

我们伏在壕沟里等待上级的信号。开始时，日寇用大炮向我方阵地猛烈开火，我军未予回击。接着，又用小炮、机关枪向我方阵地大肆扫射。我知道，这是日军惯用的伎俩，他们想借炮火试探我军阵地虚实。

双方军队隔着黄河，遥遥相对。当日军木船与橡皮艇渐渐驶近黄河中线时，我军开火的信号弹发射了。顿时，我军枪炮齐射，扫向日军船只。

在我军猛烈的火力下，敌船被打得晕头转向，在水中回旋，橡皮艇被打碎，不少船只被击沉，日本兵纷纷掉进水里，不久，就被滔滔江水所吞没。可是，日军不甘心失败，多次重整残兵向我方扑来。我军多次阻击，越战越勇，决不让日寇越过黄河。

天亮后，日军见我方炮火猛烈，久攻不下，以为我军增援部队到了，就停止了进攻。其实，我方只有两个连的兵力，200多人在禹门口驻守。我想，如果对方继续硬攻，我军有可能很难坚守下去。那次阻击日军强渡黄河战斗的胜利，使我军士气大振，我们也获得了军部通报嘉奖。

开辟滇缅公路、接收日军物资

1943年年初，钟松师长调到第2军当副军长（时王凌云为军长），军部设在云南曲靖。钟松师长把我也调到第2军任上尉参谋。

由此，我离开了西北战场，随军到了云南。

其时，日军已经占领了我国东南沿海的大部分地区，以及主要的运输干线，外部支援我国的物资很难从海路运到抗战前线。由此，中美双方正在抢修滇缅公路。第2军授命与第1军（远征军）会合，准备一起打通滇缅公路。

正当我所在部队赶到腾冲准备出境时，接到中印公路收复的捷报。滇缅公路通车后，大批国际援助物资源源不断地通过这条公路送到西南各地。

几个月后，我接到黄埔军校成都本校来电，我们那一期（尚未完成学业）的人要回校补训。由此，我被上级派到贵州普安县补训。只是几年下来，南征北战，风霜雨露，枪林弹雨，过于疲劳辛苦，加上补训期间，强度过大，我得了肺病。

1944年年初补训结束后，经上级批准，我到贵阳大哥家养病一年。那时我家四个兄弟都在贵阳。大哥卢良船在防空学校当军需官，二哥卢良舟是防空学校经理科中校科长，三哥卢良骏是防空学校照测总队上尉军医。

我们兄弟四人谁也没有想到，会在贵阳重逢，开心极了。

卢良鉴：喜度"白金婚"的幸福老人

1944年，卢家四兄弟在贵阳团聚

1945年上半年，钟松再次被调到西北地区，担任新编36军军长，驻地在陕西渭南，我也被派到36军任职。同年7月，我正准备由贵阳出发到渭南时，接到钟松军长手谕，派我直接到河南洛阳的新编36军28师师部报到，任少校参谋。当时28师的师长是王应尊，驻扎在河南新乡。部队正在休整，积蓄力量，准备反攻。

一天晚上，大家忽然被一阵阵的鞭炮声惊醒，街道上热闹非凡，我们打开窗户，只见大批市民欢天喜地跑到街上，高声欢呼："日本人投降了！"听到这个喜讯，我们都激动得流泪了，开心得不知说什么才好，终于盼来了久违的和平。

抗战胜利后，我所在的部队任务是接收洛阳，主要是接收日军的辎重、马匹、车辆、弹药、粮食等，并做清点记录工作。此时，日本人垂头丧气，早就失去了往日的威风。渴望已久的和平终于降临了。

1946年年底，我返回老家黄岩的乌岩乡，看望久别的母亲与乡亲。乡亲们听说前线战士凯旋，个个欢天喜地迎接我。

1947年，卢良鉴夫妇合影

那年我刚好28岁，巧遇到乌岩做客的陶芝韵。相识不久，我们就在乌岩结婚了。婚后，部队又来了急电，催我马上归队。军令如山，百般无奈之下，只好带着妻子一起回到部队所在地西安。此时，我已成为军部参谋处中校科长，妻子作为家属随军。

内战炮火接近西安的时候，我的大儿子已经出生，妻子抱着儿子由西安乘机到上海，然后，返回故乡黄岩。

卢良鉴：喜度"白金婚"的幸福老人

此时，我担任第5兵团中校参谋，跟着部队撤退到四川成都。原计划要继续撤退到西藏，只是解放军向大西南进军的速度比我们快得多，切断了我们的退路。当时，解放军向国民党军队宣传，只要弃暗投明，宣布起义，既往不咎。

1949年，我所在的部队在成都宣布起义。

中华人民共和国成立以后

中华人民共和国成立后，我被送到西南军政大学学习。离开学习班后，我参加了成渝铁路的建设。尔后，我们准备到朝鲜参加抗美援朝，正在大家整装待发之时，朝鲜停战了。

1953年，我转业返回了故乡。回到黄岩后，组织根据我的档案，知道我是台州中学师范部的毕业生，由此，县教育局派我到直坑小学教书。

听到这个消息，我兴奋极了，心想，现在好了，几个兄长都在外地打拼，我是小儿子，果真实现了母亲多年来的愿望，在结束战火纷飞的离乱生活之后，在家乡当了一个名副其实的教书先生，过上了和平幸福的生活，可以在家侍奉老母颐养天年了。

1958年，我回到老家乌岩参加农业劳动。

到乌岩不久，正好赶上当地要兴建水库，乌岩村民被移民到双浦，我们全家只好搬到双浦去住。刚到双浦时，我们借住在一个庙宇里，那个庙原来有乞丐住着，他们将乞丐赶走，我们这些移民住了进去。

在当农民的那些日子里，我还年轻，当过兵，身强力壮，各种农活，一学就会，什么耕田、种地、挑担、打柴，样样活计我都干过。双浦生产队的社员对我们全家不错。我与其他社员一样劳动，靠生产队的分红，以自己的劳力与双手养活全家人。

在农村劳动20年后，到了1978年，我恢复了教职、公职，也恢复了教龄，重新成为一名教师。我在上辇中学教书，再次踏上久违的讲台。只是我已快满60岁，到了退休年龄。

20世纪80年代后，黄岩县的黄埔军校同学会成立，我参与筹组黄埔军校同学会工作，并当选为黄岩县的政协委员。

自此以后，我与大家一起做黄埔军校同学会的工作，帮助寻访黄埔同学，在政协参政议政，出席政协的各种会议。

时至今日，市委、区委统战部的领导与干部还经常来探望我，每到节假日，街道、社区、志愿者也会带着慰问品来看望我们。

这些年来，我在家中将练习书法、作画作为消遣。一直到今天，我仍每周到黄埔军校同学会办公室上班。他们担心我年龄大，怕我在路上有个闪失，劝我在家中办公。不过，我仍坚持每星期至少要到同学会去两三次。

1994年，我带着老伴到台湾探亲访友，在台湾住了两个多月。我们寻访了昔日的亲朋故旧，见到了许多在抗战中一起出生入死的老战友、老长官。

中华人民共和国成立前后，我家四个兄弟各奔东西，一个去了台湾，一个在河南，一个到了成都，只有我一个人回到黄岩。我的岳父在抗战胜利后，去台湾接收日资银行，自此定居台湾。那次到台北，我也去探望了他们二老。

卢良鉴：喜度"白金婚"的幸福老人

1994年，卢良鉴（后排右一）到台湾探亲

2015年，在纪念抗日战争胜利70周年的活动中，中共黄岩区委组织了"寻访老兵"活动，许多中小学生和志愿者到我家来慰问。

我还参加了边防总队台州边检站和江口中学联合举办的"听老兵讲抗战故事"活动。在学校与军营中，我向同学与战士们讲述了当年的抗战往事、我一生的经历、晚年的幸福生活，我想让人们铭记战争的苦难与胜利的光荣。

2016年2月8日，刚好是我与老伴陶芝韵结婚70周年纪念，许多志愿者不知从哪里听到这个消息，纷纷赶来为我们祝贺。

现在，我们夫妻的退休金加起来每个月有1万元左右，生活无虑,儿女孝顺,身体健康,日子一天比一天好。我们深深地感激党和国家以及黄岩各级领导干部、群众与志愿者对我们黄埔老兵的关怀!

2016年,卢良鉴夫妇白金婚庆

李文烈：玉皇山下一老兵

在杭州，离西湖不远的玉皇山下，一个粉墙黛瓦、外面围着木栅栏的小院里，住着一位抗战老兵李文烈先生。2017年2月26日，我们访问了这位颇具传奇色彩的长者，听他谈一生跌宕起伏的故事。

李文烈近照

青少年时代

我1923年12月生在杭州玉皇山下，我的父亲，我的爷爷，我家世世代代就住在玉皇山脚。在这块叫阔石板的土地上，我家祖辈以务农为生。

我的父亲叫李东园，母亲宓文珠，在城里的清河坊开了一家杂货店。我从小住在山下，早年跟着爷爷上山打柴、砍树、种地，儿时在山下玩耍，在溪里摸过螺蛳，在水塘里捉过鱼，对这里的一山一水、一草一木，再熟悉不过了。

我自幼对阔石板这块土地有着深厚感情。从小时开始，我就看着一群群、一队队上山烧香的善男信女，背着香袋，举着"国泰民安、风调雨顺、安居乐业"的旗帜，浩浩荡荡开上山去，乞求玉皇大帝的保佑。

儿时，我在城里清坊街的高银巷小学读书，1937年，我14岁，日本人打过来了，附近的老百姓纷纷逃到玉皇山上的福星观去避难。

至今我仍记得，福星观主持叫李理山，一个和蔼可亲的道人，收了几个徒弟，对我们小孩子也很客气，非常和善。抗战时，他在山上的紫来洞里建了一个避难所。那个洞很深，里面有两层，许多难民就在这个洞里躲避日军的炮火。日本人占领杭州后，将难民们赶出了避难所。我亲眼见到日本鬼子在玉皇山上杀害老百姓，强奸中国姑娘，当时就有了抗日报国的念头。

清河坊小学毕业后，我在井亭桥附近的树范中学(今杭九中)读书。

李文烈：玉皇山下一老兵

逃离杭州

在中学读书时，有一个老师给我留下深刻印象，他叫陈迈，是"艺专"毕业生，教我们图画。

其实，陈老师也只不过长了学生几岁而已，他把我们当兄弟姐妹来看待，几个在班里比较活跃的学生，更是另眼相看。陈老师在课堂上向我们讲了许多抗日救国的道理。在他的策划下，同学们偷偷到街上张贴抗日救国标语。

有一天，陈老师突然将我们几个贴标语的同学叫到一起，说道，听学校里教日语的一位日籍老师说，警察局已经开始注意这所学校的学生了。我们不能再在这里继续读书了，否则有可能被日本兵抓去。

于是，我们几个同学瞒着家人，匆匆忙忙到了湖滨八弄（今六公园后面）一所大房子里集合。在那座房子里，我见到许多与我年龄相仿的同学。

那天晚上，陈老师与另外几个大人将我们送到湖墅一个地方的一条船上（当年湖墅还是城外一个冷僻的地方）。

次日早晨，小船载着我们离开了杭州。船过祥符桥时，桥上有几个日本兵守卫着。虽说日本人占领杭州城区，但是城外仍是游击区。

日本兵大声喊道："你们是什么人，到哪里去？"

好在学校里学过日语，我大声用日语回答："我们是学生，到城外去看亲戚。"日本人见到船上只是些小孩子，也就放行了。

我们坐的船先到余杭，那里有人接应，游击队员将我们送到了临安天目山上的禅源寺。

抗战时，禅源寺是浙西天目山的抗战大本营。此时，正好黄埔军校在招生，我与几位同学听说后，毫不犹豫地报了名。游击队员熟悉山区地形，将我们沿着天目山丛林中的崎岖小路，七转八拐，一直送到金华（当时金华仍在中国政府的掌控下）。

由金华到陕西的长途跋涉

1939年9月，16岁的我和同学们先乘火车到上饶（这段铁路尚未被日军破坏），下了车，大家开始步行。每行军三天，休息一天，由上饶先走到湖北宜昌，再到湖南的醴陵，然后到桂林，最后经过贵阳到达抗战大本营重庆。

在重庆，我们休整了7天，继续沿嘉陵江边的小路，经过南充、阆中、广元、留坝，走古栈道，翻秦岭，出终南山，到了关中平原。在宝鸡，我们坐火车到达陕西西安的中央陆军军官学校王曲七分校。

那次行军花了4个多月时间，途径7省，行程逾万里。到了军校，带队的教官向校方汇报了我们的情况。胡宗南主任听了，说道，大家先休整一个月，保养好身体，等身心健康恢复以后，再入伍训练。

在黄埔军校七分校

一个月休整后，进行入学分科考试，军校有步兵、骑兵、炮兵、辎重、通信等科，我被分在12队的步科。大家住在一个庙宇里，

李文烈：玉皇山下一老兵

剃光了头，睡的是一排排的通铺。每天早上吹号起床，我们将棉被叠得方方正正，由分队长带领在公路上跑步。回来后，洗漱，吃早点。每天上午在操场上学习徒手格斗，或持枪操演的基本训练，诸如立正、稍息、变换队形、劈刺、铁杠、木马、跳远、穿越障碍物等；下午，学习军事知识与政治；夜间则不时有紧急集合。

陆军军官学校王曲七分校

还有军官教育，原本为3年，因为正值抗战非常时期，缩减为2年，内容有操场训练，例如班、排、连的队形变换，战斗指挥以及野外战术训练，诸如攻击、防御、实弹射击。学习的科目有兵器学、地形学、法律学、交通学、军制学、绘图、测量、射击教法、阵地要务等。每个同学都要轮流充当值星官。毕业时，校长到校检阅各科兵种的演习，并向学员训话。

毕业后,我被留校当教官,从少尉做起,一直到上尉区队副、区队长。我是黄埔18期学员,由此,我成为第19期、第20期、第21期的教官。

陆军军官学校21期步兵10大队合影

20世纪40年代后期,我与一位在西安军校当教官的绍兴籍同学屠由信一起到了南京,国民党军正在组建海军陆战队,屠由信留下来,参加了海军陆战队。我到了上海,此时,85军23师师长李弥将军正在招兵。有人介绍我去应征,我成为少校副营长。

未久,解放军挥师渡过了长江,我们的部队撤退到义乌时,我换上了老百姓的衣服,离开了军队,回到了杭州,住进了玉皇山下阔石板的老屋。

我对家乡有着深厚感情。我想，从此以后，不再打仗了，就在这里耕田种地，当个农民，打发以后的日子。

20 世纪五六十年代

回来的第二天，杭州解放了。到了次年（1950 年），派出所找上门来，所长对我说，你先去集中学习，以后会安排工作的。之后，我一直在南湖农场改造。

1962 年，我从农场回家，但已经不能再回到玉皇山下阔石板的老家了。别人告诉我，我的家人在 1958 年的"城迁"运动中，被迁送到上泗的周浦人民公社去了。

我到了周浦与家人团聚，三个妹妹都不认识我。因为我走时，她们只是几个小孩子。母亲宓文珠，笃信佛教，念佛吃素。我们一家人先住在贫下中农家里，后来，在农民的屋子旁边搭了间屋子，一个茅草棚，全家人靠务农为生。周浦乡亲对我们一家人非常友善，帮我们渡过了许多难关。

20 世纪 80 年代初，国家有了新政策，允许当年的"城迁"人员返回原居地落户。由此，我们全家在 1982 年又搬回到原来玉皇山下的老屋，户口也迁回了南山大队。

回到玉皇山

回到老家玉皇村以后，我就在玉皇生产队所属的南山大队办的一个汽车修配厂做事。我的毛笔字写得好，汽车上的字大部分都是我写的。我还外出接洽业务，厂里算算写写的事也多由我来承担。那时我的工资一个月也有三四百元钱，生活有了转机，心情也渐渐舒畅起来。

我结识了一个到修理厂打工的台州妹子，比我小12岁，我们结婚了。那年我快60岁了，开始了新生活。我们一起生活了20多年，她先我一步走了。

1993年2月，我的老同学、老同事，台湾陆军退役中将屠由信夫妇到杭州旅游，早年他到过我家，仍记得我住的地方，凭着记忆找到玉皇山下，终于见到了我。数十年后，海峡两岸的老同事、老战友，再次相逢，我们开心极了！

20世纪90年代，那家汽车修配厂停掉了，我能拿"老年补助金"（今有1000多元）。后来，玉皇村"撤村建居"，我成为净寺社区的居民。我现在已经94岁了，今天仍住在玉皇山脚下。

几十年来，我差不多每天都要出门走走，锻炼身体，习惯成自然，多数时间是攀登玉皇山。今天，玉皇山上已经铺了石级，早年我只需一个多小时就可以打来回（上下玉皇山），并无粗喘气。今天我仍能沿着石级登山，走到玉皇山的半山腰，然后，慢慢下山走回家。

李文烈：玉皇山下一老兵

浙江省黄埔军校同学会秘书长张兵
带领机关同志慰问李文烈

浙江黄埔老兵的人生纪实

李文烈与本书执笔

应邦铭：关山明月故乡情

2018年4月9日，我们在浙江诸暨市岭北镇探访了抗战老兵应邦铭，以下就是他一生的传奇经历。

应邦铭一家（摄于2018年）

我1919年7月23日生于岭北镇富家坞。在家族中，让我印象至深的人，莫过于小叔（父亲弟弟）应为坊。小时最疼爱我的就是小叔，每见客人，就夸我聪明能干，将来一定有出息。小叔好读书，出仕后，更名应机，从东阳中学毕业，投身黄埔，位至国民党军少将。小时，我读书多亏小叔资助，至今铭记不忘。

加入"浙江战地服务团"

1936年，我从东阳中学毕业，第二年卢沟桥事变爆发，日军大举进犯，烧杀掳掠，无恶不作。青年人个个义愤填膺，纷纷报名参军，保家卫国。

1938年，沿海地区以及杭嘉湖的大中城市相继沦陷，浙江省政府的许多机关、工厂、学校陆续迁至浙南山区，国民党浙江省党部、省政府迁到了方岩，并在浙江西部的於潜设立浙西行署留守办公室。

各地沦陷区来浙的流亡青年有很多，为了支援前线将士，发动民众，培养爱国青年，省政府成立了浙江省战地服务团。从东阳中学毕业不久，我就报名参加了这个战地服务团。

记得当年服务团有500多人，有男有女。自此开始，我穿上了军服，扎裹腿，穿草鞋。我们的生活与行动一律军事化，没有工资，只有伙食与津贴，工作是向群众宣传、讲解抗日救国的道理，树立大众对抗战必胜的信心，救国团由浙江省主席黄绍竑当主任。

我在救国团做了近一年，几乎走遍浙南、浙西的大部分地区。可以说，在天目山、四明山、方岩、天台山都留下了我的足迹。

我们每天起早落夜，爬山过岭、开大会、张贴标语、画漫画，唤起民众，鼓动老百姓奋起抗击日寇。好在当时年纪轻，从来不知道什么是疲倦。

应邦铭：关山明月故乡情

辗转万里入军校

1939年，听说黄埔军校在东阳招生，于是，我与许多青年人一样，报考了陆军军官学校（七分校16期）。当年考取的学员800余人在金华集中，由大队长黄铸吾上校领队，从金华出发，途经赣、湘、鄂、豫入陕，行程6000多华里，历时5个月才到达七分校所在地西安王曲。

那时，日寇的铁蹄已经蹂躏了我国东南沿海的大部分土地，我们从金华坐火车至东乡后，开始徒步行军。

战争时期，物资相当紧缺，我们这些新兵穿的是旧军装，肩负背包（内有军毯、干粮等），脚上穿的是草鞋。一路上，同学们目睹从沦陷区逃出来的成群结队的难民，扶老携幼，源源不绝。眼见山河破碎，田园荒芜，民生困苦，使我们更加同仇敌忾，杀敌报国的决心更坚定了！

为了躲避敌机的轰炸与扫射，大家常常昼伏夜行，有时还要绕道行军。自江西东乡至湖南株州的1000多里地，足足走了两个月。我们精疲力竭，患病的学员很多，不少人得了一种叫赤痢的病。没有医生、没有药物，到了湘潭才能停下来休整治病。

湘潭是湘江流域的重要埠头，人口稠密，商业繁荣，有"十里长街锦绣地"之称。那时国难当头，强敌进犯，民众对保家卫国的军人十分敬重，见到我们学生军列队过来，纷纷拿出米酒、点心、水果慰劳，表达对大家从军报国的嘉勉。在路上，我也患了痢疾，幸蒙湘潭天主教医院的免费诊治，才得以恢复，完成行军。每想到此事，至今仍感激不尽。

在湘潭休整以后，我们继续前进，此时岳阳已经沦陷，只好雇了一条小火轮，小心翼翼地绕过封锁线，到了津市，总算逃过一劫。

自津市北行，进入了鄂西山区，那里山高岭峻，沿山的羊肠小道，一边是悬崖峻岭，一边是万丈深渊，稍有不慎，便有可能粉身碎骨。

这是一场艰苦的旅程，到达鄂北的樊城时，学员们不得不又一次停下来休整。自樊城往北，进入河南省境内的豫西平原，才与高山峻岭告别，不再需要昼伏夜行，东藏西躲了。见到一望无际的大平原，大家不由得松了一口气。

天气有了寒意，我们带的衣物不多，但想到军校已经在望，再行军若干天就可以胜利到达目的地了，不由得欣喜若狂，疲惫顿消，坚定了我们走完最后一程的决心。

10月底，我们经历风霜雨露，克服千难万险，冲破了敌人的重重防线，终于到达了七分校所在地王曲。

此时，北方已进入初冬季节，我们穿的只是一件薄棉背心，瘦弱饥寒。大家只有一个信念——"国家兴亡，匹夫有责"，每一名学员都怀有一颗从军报国的热切的心！

到校后，全体学员进行了一次体格检查。我的视力不行（近视），只好由原16总队工兵队改编到军需实习班（第2期）受训。

军需实习班设在南五台，学员500余人，分3个中队，我被编入第3中队，学习训练期为一年。汪维恒少将为班主任，同时他也担任七分校的经理处长兼军政部西安第一军需局局长。

应邦铭：关山明月故乡情

万里回乡揽志士

我们于1941年毕业，同学大多数奉派到前线部队服役。我奉命到浙江省松阳县接收当地保安处代为招收的黄埔新生1500余人。接收团由沈策少将任团长，团内官佐百余人。1941年双十节，接收团从长安七分校王曲校本部启程，12月初抵达松阳。

回乡省亲，父母双亡

同年，我借黄埔七分校18期回浙江松阳招生的机会，特地回到老家富家坞探望父母（松阳离老家东阳不远）。

没想到的是，离家一走，竟然是与双亲的诀别！如今只能见到父母坟上的黄土一抔。我跪在坟前，不由失声痛哭，捶胸顿足，哭诉道："爹娘呐！不孝儿子在民族存亡、国难当头之时，为国尽忠了、为民尽孝了！恕我不能为您二老尽忠尽孝，你们能原谅我吗？"言罢，泪流满面，痛彻肺腑。此乃我一生之最大憾事！

在我离乡后，一日，父亲正在田间耕作，忽闻天上机声隆隆，继而有炸弹的轰鸣之声，原来日机在离富家坞十余公里外的岭北乡政府投下炸弹，几分钟后，敌机又飞临富家坞上空，低空盘旋扫射，山上山下，树木乱摇，村民吓得惊慌失措，四散躲避。父亲正扶着一条耕牛犁田，一时无法逃脱，惊吓过度，回到家中，神志不清，不久染病身亡。未久，日军又在诸暨施放细菌弹，导致瘟疫流行，母亲也于同年随父而去。日寇的穷凶极恶，惨无人道，加深了我的抗日报国之志！

在松阳招生

当时沿海各大中城市相继沦陷，大批不甘做亡国奴的沦陷区青年纷纷跑到仍在中国政府掌控下的浙南、浙西山区地带。由此，校方选择了仍在政府管理之下的浙南山城松阳作为新学员的集中地，我们把新入伍的学员分为3个营，进行为期3个月的集训。

未料，日军先后在宁波、温州等地登陆，再次发起大规模进攻。由此，青田、丽水等也相继失守，松阳县危在旦夕（日军已经兵临县城）。

1942年7月4日，接收团的全体师生只得向龙泉方向转移。那次的大撤退，也是我在1939年从军后的第二次征途。在松阳突围后，我们经龙泉进入闽北的浦城、永吉，行程600余里，为了躲避日军飞机的突袭，又一次昼伏夜行。每到一个村庄或城镇，疲惫不堪的军校师生只得露宿街头或村野。记得过永吉时，当地鼠疫横行，瘴气肆虐，居民为避战火、瘟疫，纷纷外出逃难，十室九空，举目望去，满目疮痍，惨不忍睹。

山瘴水恶，壮志未酬

到了建阳，山瘴水恶，危及人命，学员中病患人数骤然增加。

8月中旬，正值酷暑，队伍抵达邵武时，出现恶性溃疡之疾。接下来，回归热、赤痢等疾病接踵而至，药物医治无效，当地医生束手无策。学员中病倒者为数不少，呻吟呼号，惨不忍睹。患病学员虽然经驻地长官与慈善机构为时3个月的合力抢救，仍有

27名学员不幸赍志而殁。

团长沈策悲痛欲绝，特于邵武墓地举行公祭，并亲题挽联，曰："求仁得仁，以死殉君志，总是丹心照日月；育才失才，养生愧我心，徒照热泪断肝肠！"

此次大难，实为我团行军万里之初次惨痛泪迹！

湘风醇厚，铭心刻骨

离开邵武后，接收团辗转进入赣省。时值深秋，抵达樟树时，已经进入隆冬，师生薄衣单裤，冷冻难熬。此时，幸得江西省政府及驻军资助粮饷，发给棉衣，同时也接收了部分在赣州招来的新生，继续向赣西进发。

翌年（1943年）1月，接收团抵达湖南湘潭，时届农历岁末。为等候衡阳、韶关两处新生，我们遂在此作短暂逗留。

自古以来，人有"无湘不成军"之说，因此，我们在湘潭逗留期间，军民情感极为融洽。此时，学生军行军年余，风尘劳顿，能在此喘息休整，顿觉精神倍增。学生军内先后成立战声剧社，演出抗日剧目，组织了五四篮球队，与湘潭各界进行了友谊比赛。

同时，我们还做了两件善事。一件是陈良书同学率乡民抢救美军失事飞机驾驶员得庆再生；另一件是沈策团长调解浙江公会为公山纠纷解决息讼。可以说，接收团驻湘数月，为行军北上以来之黄金时段。

南走桂黔，湘西天险

留湘倏忽半载，时日寇发动鄂西战役，我们原拟穿越洞庭湖经鄂豫入陕的计划随之被打破，迫于形势，只好南走桂黔，改道四川入陕。由此，我们从湘潭出发，经衡阳、桂林、柳州至贵州省独山，全程2200华里。大家先乘火车抵金城江后，下车徒步，时值酷暑，一路行进，烈日当空，炎热难当，学生兵荷枪负包，深入不毛之地，只见穷山恶水，山势险阻，大家忧心忡忡，生怕重蹈闽北之灾！

行抵独山时，欣闻我军鄂西大捷，举国欢腾，为此，我们再次调整行军路线，折回湘潭，仍按原计划，取道鄂西入陕。

7月3日，我们回到湘潭后，稍事休整，即雇舟横穿洞庭湖，其时，洞庭湖东部仍为敌占区，为保证安全，船队在湖西悄悄潜行，经沅江安乡到津市，下船稍事休息，即徒步行军走鄂西山区。

鄂西山地，峰高岭峻，羊肠小道，弯弯绕绕，行走异常艰难，尤其是过蚂蚁山时，悬崖壁立，道路犹如天梯，只容一人通过。学员中如有不慎失足，跌落悬崖者，则有可能粉身碎骨。大家抵达落步滩时，已经人仰马翻，力不可支了。此一程道路，实为接收团万里征程经历之最艰险的一段。

西陵遇险，大难余生

1943年8月，接收团穿越洞庭湖，到达津市，往北进入鄂西山区，崇山峻岭，道路险阻。沈策团长为便于大部队行进，决定将病弱学生编入病弱队，派我为领队（我是少校军衔），由袁庚祥医官协助，在大部队后面慢步行进。

病弱队一行26人，在鄂西山区行进十余天，终于在9月21日到达三斗坪，长江已经在望。

三斗坪，濒临长江南岸，位于西陵峡之西，东距敌占区宜昌仅30余华里，群山环绕，峰高岭峻，地势险要，自古为通往鄂西北之要冲，江水奔腾咆哮，似雷鸣电吼，江中大小礁石浮没水面，滚滚长江，在此形成漩涡，自古行旅视为畏途。

所幸接收团的大部分人马已经于一周前顺利渡江北进，只有我带领二十几位患病队员与公文行李断后。

我们在9月22日下午2时，雇得一艘木船渡江，急于追赶大部队。是日，天气晴朗，公文行李先行上船，然后，学员依次登船。上船后，众人谈笑风生，神态自若，只见学员诸敬徽独自坐在船头，手上拉着二胡，神采飞扬。约20分钟后，木船渐渐驶入江心。江心水流湍急，奔腾不息，船身开始剧烈颠簸，木船行至白庙子附近，但见江水中大小礁石林立，漩涡一个接着一个。见此情形，大家正襟危坐，屏息无语。几分钟后，小船驶入马尾水，只见两道激流直击过来，汇合处形成一个巨大漩涡，直冲木船。

船夫二人拼命划桨，终不能脱离险境，瞬间，船舱进水，但闻"哗啦"一声，一个巨浪打翻小船。船客全部落水，眼前一片漫漫。我虽不谙水性，但入水之初，神志尚清，双手紧抓船舷，用力向上顶，但被船舷挡住，不得而上，不由倒吸一口水，自忖必死无疑。但是，葬身长江实在心存不甘，求生欲念告诉我，船虽翻覆，但仍浮在水面，我仍有获救希望。于是，我一只手抓住船舷，一边将身体向外移动，另一只手再将身体向上牵引，见到青天白日了，又见到船背已经立着很多人。

船夫见有人浮出水面，急忙将我拉上船背。此时，水上混乱一片，有识水性者在波涛里搏斗，也有人抓住一根木头或者什物，在水中拼命挣扎、呼喊！

十余分钟后，对岸驶来一艘木船，将打翻的小船拖往对岸浅滩，木船恢复原状后，舱里居然还有3个活人，分别是学员李崇孝、诸敬徽、周襄。原来，船浮在水面，舱内仍有空气，还有存活的希望。他们说，困在船舱里只有十几分钟，犹如度过了一年，而我落水才一两分钟，生与死只在瞬间。获救的学员有陈治民、骆仲英、兰田玉、杨纯一等，还有袁医官和我，共19人。

第七分校19期留湘官生长江翻船脱险后留影
左起第11人为应邦铭

我们做了调查,此次船难的殉难者7人,分别是方刚、姜达林、斯仁、韩杰、杨梦卿、俞缄、应邦忠。我与获救的同学在对岸白庙寺休息了6天。后来打捞上来姜达林、应邦忠的遗体,大家将他们埋在白庙寺的后山坡。

后来,回首旧事,我写过两首七绝诗:

(一)

青年报国意昂扬,万里从军去长安;
祖国大地任驰骋,烽火声里渡长江。

(二)

急流险涡长江浪,吞噬多少英雄汉;
白庙寺前埋忠骨,男儿何处不青山。

翌日(27日),继续北进,临行时,天忽然飘起细雨,仰若苍天有眼,神明垂泪,江水哽咽,众人怎忍心抛下遇难的同船同难的弟兄呢?在场人员,无一不失声痛哭。此实为接收团去年在闽北邵武遭劫后,又一次惨痛泪迹也。

我们又经过十多天的艰苦行军,在鄂西北重镇老河口与大部队会合,自此,病弱队解散,学员归队,全团继续北进,进入豫西平原。

高歌黄埔，穿越古都

进入豫西平原时，正值深秋，一路上，天高云淡，满山红叶，景色至为澄清，目的地西安已经不太远了，士气大振。

在鄂豫平原上行军一个月后，顺利到达古都洛阳。当时，一战区长官司令部驻地正在洛阳。一战区司令长官蒋鼎文将军闻讯，家乡有志青年不远万里从军至此，欣喜之余，犒赏有加，亲自到学生军驻地慰问嘉勉。

自洛阳开始，我们搭乘陇海铁路火车经灵宝、潼关、华阴至长安，行程900华里，抵达我们万里行军的最后一站——西安。

1945年，应邦铭（前排右三）与同学们在王曲母校合影

11月26日，官生一行1500余人整装下车，昂首阔步，神采飞扬，高唱军歌，穿越古都西安，出南门，步行50华里，到达

军校七分校本部所在地王曲。

此次行军，黄埔军校第七分校18期入伍生第4团历经浙、闽、赣、湘、桂、黔、豫、陕九省，行程达10451华里，为时1年4个月22天，沿途病患和覆舟殉难者92人。

行万里，历雨雪，一年有余，艰难险阻，官生报国之志不减，行程之艰辛，堪称艰苦卓绝，在校史上留下了难忘的一页。

抗战胜利后

1945年抗日战争胜利后，我由西安回到老家东阳岭北镇的富家坞，结识了终身相伴的妻子寿珠。她是大家闺秀，师范专科毕业，在当时也属凤毛麟角。只是新婚不久，我就奉召到天津，二人劳燕分飞，聚少离多。

1946年，我在联勤总部天津被服厂任中校工务科科长，刚刚接手日伪工厂不久，有8个工厂，4000多员工，工作异常艰巨。

1948年，我又被调到联勤总部徐州补给区经理处任上校主任。12月，淮海战役进入决战阶段，遂乘司令部家属疏散撤退之机，携妻撤至南京，又辗转经南昌至桂林。

1949年，我们随部队到了桂林。我们唯一的女儿在那一年出生。那年，桂林解放，到了年底，我带着妻女再一次回到老家富家坞，以种田为生。多年以来，一直在外漂泊，厌倦了战争，在梦里都惦记着老家的青山秀水，渴望再次回到家乡定居，过平静的田园生活。

1948年，应邦铭任联勤总部徐州补给区经理处主任时，与妻子合影

参加劳动改造

1951年，在杭州我考取了东北贸易部，被分派到该部在天津的办事处工作。时值开展"肃反镇反"运动，同年7月，我因"历史问题"被判刑15年。

我先在天津新生营造厂劳改，当时的政策是根据犯人的体力、文化、特长和能力进行分派。在部队里，我当过军需会计，被派到厂部做记账抄写。白天在办公室做事，晚上回看守所。

两年后，我被派到新生棉纺厂劳改，进厂前先要学习几天，接着，安排我在棒子车床做事。我视力差，车轮转动快，开始时很吃力，经过一段时期的锻炼，慢慢也能够熟练操作了。

记得有一次我发高烧，领导批准我休息治病，医生不仅给我打针吃药，还让我休息了几天，恢复健康后再上班。青霉素和链霉素这些药物在20世纪五六十年代需从国外进口，为了治好我的病，不惜动用了昂贵的针药，政府可说仁至义尽了。

20世纪60年代，我又被调到石家庄的省监狱劳改，安排在新产铸造厂做事。1967年7月，我服刑期满，留场劳动，月薪30元（当时小学教师月薪也只有三四十元）。我感到很满意，每月还能寄给妻子10元，她也高兴极了。

1969年12月，政府批准我回乡劳动。我在石家庄新生铸造厂已经劳动了两年，离开时，竟有依依不舍之感。但想到马上可以与妻女团聚，又有了归心似箭之感。

回乡时我已经50岁了。女儿小珍年已20岁，从她懂事开始，就没见过父亲。家中只有妻女二人，生活十分困苦。在甲丘的姨丈挑来一担稻谷，可说是雪中送炭，解了燃眉之急。表弟虞克敬听说我已回到家，捎信来宽慰，说道："残破的家可以重建，人生的道路可以重走，一切都能重新再来，千万不可以自馁自卑……"有了他们的支持，我才逐步振作起来。

家国情怀，渴望和平

1979年，我被摘去了"历史反革命"的帽子，后来又参加了诸暨市黄埔军校同学会（后转入东阳市黄埔军校同学会）。自此开始，我立志在有生之年为国家建设与祖国和平统一尽一份微薄之力。改革开放40年，国家进入了繁荣昌盛的新时代，也惠及了我们全家。各级政府和黄埔军校同学会十分关心黄埔老人的生活，还给我们发放生活补贴。如今我是老有所依、老有所养。人云"大难不死，必有后福"，且喜我能活过百岁，正享受着四世同堂、儿孙绕膝的天伦之乐，我感到十分幸福。

1949年，国民党军撤退至台湾，两地音信不通，人为藩篱，隔绝38年之久。海峡两岸，一水之隔，却成天壤之遥。

1986年的一天，我收到在台的堂弟应邦镐托一位在美国的内弟罗文到广州讲学时传来的信件，信中说："胞弟如晤，回国行期紧迫，不能亲到府上看望，至为抱歉！"这是两岸隔绝后，头一次听到消息，我们夫妻二人高兴得哭了！镐弟第二次回来是在1988年，台湾已开放大陆探亲。他回来为母亲建墓，此事得到了政府的支持与帮助，乡党委书记周田法亲来我村划拨墓地。镐弟含泪题字"慈恩深似海，欲报恨无期"刻于墓前石柱。

虞之萍同学（原名乾松），辎重学校毕业，去台后更名之萍，1987年回乡（开放后最早回东阳探亲的人）。他原在联勤总部辎重兵汽车团任连长。1949年去台，退役后转业，在王惕吾（黄埔8期学员，原名王瑞钟，东阳王村人）创办的《联合报》社任广告部主任。

1992年春，我黄埔19期的同学陈治民偕夫人自台北来诸暨看我。那天天降大雨，道路泥泞。他们在水带车站下车，冒雨徒步5华里才到我家，肩背行囊，手持雨伞，行走山路，至家时，全身衣服湿透，此情此景，感人至深。治民同学系1943年长江覆船获救的患难之交,老家江苏如皋。

1949年渡海赴台,一别40余年,二人相见,恍如隔世,千言万语,不知从何说起。治民兄赠我寿字金戒指一枚,吾以龙泉剑一柄回赠,寓意自强不息。

1993年,黄埔七分校19期同学骆仲英(原籍江西彭泽,亦系长江覆舟再生之同学),到富家坞来探望,那时家中尚无起色,连张像样的床都没有,更无自来水或抽水马桶,好在大家都是从抗战艰苦岁月中过来的人,不太计较生活琐事。我们同游溪口、杭州,在西湖话别,恋恋不舍。

浙江黄埔老兵的人生纪实

张一鸣：抗美援朝立功的百岁黄埔老兵

2018年春天一个春寒料峭的清晨，我们匆匆坐上快客到海宁去探访一位百岁抗战老兵张一鸣。

张一鸣百岁全家福（摄于2018年）

张一鸣：抗美援朝立功的百岁黄埔老兵

刚下车，就见到张老的儿子张建迎了上来，上了他的车，直奔老人居住的康华医院。张建告诉我，父亲身体不错，多年来被评为"健康老人"。而今，老人生活安定幸福，由于得到党和政府的关怀，晚年过得舒心。张一鸣夫妇住在附近养老医院的单间病房，临窗可以鸟瞰县城远景，晚辈时常过来探望，逢年过节，还会有领导以及青少年前来嘘寒问暖，令二位老人神情愉快，亦有利于他们延年益寿。

以下就是张一鸣老人为我们讲述的他的人生经历。

我的青少年时代

我生于1919年12月24日，为海宁县路仲镇人。父亲叫张桂荣，在镇上开了一家小茶馆。

我的少年时代是在路仲毛家浜度过的，念过私塾，在路仲小学读过书。不过小学还没毕业，父亲就让我独自到上海谋生了。1934年，我在吴淞口杨行镇的志祥当铺做学徒。

1938年，我18岁，日本人打过来了，吴淞口处在风口浪尖，成了硝烟滚滚的战场，老百姓纷纷逃难，学徒当不成了，只好回到老家路仲。此时，日本人已经占领了沪杭沿铁路线的许多城镇。但是，中国政府仍控制着城镇周边的广大乡村地区，海宁成为日本军队与中国军队争夺的重点地带。

那时，海宁有几个进步人士办的一家报纸，叫作《啸报》，宣传抗日救国的道理，我到这家报社当送报员。我每天徒步来回在各个乡村之间送报，向民众传达抗战消息，传播抗战大本营的信息，号召民众团结起来抗击日本侵略者的野蛮进攻。

参加抗日救国团

不久，我参加了海宁县东南抗日铁血救国团，在2中队当通讯员。这是一支抗日游击队，出没在硖石、海宁、桐乡、嘉兴一带。

当时杭嘉湖的抗战形势相当危急，日本军队占领沿海大中城市以后，并不罢休，步步紧逼，经常下乡"扫荡"，企图清除抗日游击力量，占领杭嘉湖的广大乡村地区。

当年路仲镇的镇长叫冯永泉，他的夫人是我的小学老师，她劝我们到绍兴去参加浙江抗日救国自卫团（日军虽然占领了嘉兴、海宁、杭州等地，但浙东地区仍在中国政府掌控之下），她写了一封信，介绍我们到浙东参加抗日救亡运动，拿了老师的信，我们辗转来到绍兴。

第三战区浙江抗日自卫救国团总部设在绍兴县平水镇的一座名叫显圣寺的大寺院内，负责人是贺扬灵中将。训练营的主要任务是培养抗日救国的地方干部，学的是文化课、政战课和军事训练课，全团分为少年营、青年营、妇女营等。我被分配在青年营机枪组，学会了使用捷克式轻机枪。

自卫团还办了一个干部训练班，下设6个中队，团部设在武义机场附近的白洋渡边。此训练营又叫"流动干部培训班"，团长是裘时杰，兼任干部训练班的班主任。

在培训班学习了半年后，我被分配在浙江抗日救国自卫队5支队工兵连，成为中士班长。支队司令员是郑光器，驻地在奉化县。

张一鸣：抗美援朝立功的百岁黄埔老兵

我们5支队就在奉化、镇海、宁波一线布防，防范日军的正面进攻。我所在工兵连的主要任务是为部队构筑工事。

在黄埔军校与抗战前线

未久，黄埔军校七分校到宁波（宁波尚未被日军占领）招生，我所在的部队推荐了两个人报考军校，不过只有我一个被录取。

黄埔军校七分校总部设在西安，各地的学员到金华集中，先坐火车到江西鹰潭，再转到宁都县的洛口，接下来，大家步行到西安的军校去。从洛口到西安的行程不容易，没有车，全靠脚力，跋山涉水，走三天、歇一天，然后继续行军。

大家带的衣服少，粮食不多，天冷路滑，不少人冻死、病死，走到荒无人烟之地，甚至有饿死人的现象，大伙花了几个月的时间，总算到达了目的地。

1943年，我从黄埔军校18期步兵科毕业。

我们10个浙江人又被派到军委会设在四川璧山县河边场的战时防御炮教导总队干部训练班军官队（总队长张权中将），又学习了将近一年。这是一支反装甲部队，由于我军缺少装甲战车，在战斗中吃了不少亏。由此，我们学的是如何防御敌军装甲战车的进攻以及炮兵的作战方法。

1944年，在干训班毕业后，我们立即被派到宜昌前线的第30军（军长池峰城将军）战炮兵营，我做了少尉排长。当时我所在的部队正驻扎在宜昌三斗坪的黄陵庙一带。

不久，又奉命移防四川奉节县，我在重炮2团3连（3连又称为通讯连队），主要任务是训练新兵，为大反攻积蓄力量。

后来，部队又转移到了四川长寿县。到了1945年，我军由防御转为反攻，部队在陕西千阳县购买了300匹战马（主要是用来拉大炮的）。我在炮兵16团25营任排长，被上级派遣到千阳去将马匹运送回来，就在返回四川的途中，传来了好消息：日本人投降了！

听到这个消息，战友们欣喜若狂，我们没有鞭炮，只好对空鸣枪，庆祝战争结束！那天，成为我一生中最难忘的日子。

抗战胜利后

日本人投降后，我在陆军炮兵16团任中尉排长，部队被调往苏州接受日军投降。在苏州驻扎了一个时期，内战爆发了。我又被派到沈阳去训练新兵。在沈阳待了一年，成为新1军2师团部上尉副官。

1948年，沈阳解放。给我们发了路条，遣散回乡。就在从沈阳到北平的车上，我遇见了曾琦，她是辽宁海城人，刚从北平的中学毕业，一路上，我们谈得很投缘，可以说是一见钟情，我们订了婚。后来，我到上海参加了75军，成为上尉参谋。1949年，国民党军从上海撤退，我成为留守人员。

解放后的经历

解放军进城后，我将我所管理的那部分械材全部交给了解放

张一鸣：抗美援朝立功的百岁黄埔老兵

军。当时政府还大大地表扬了我，他们说，国民党军的留守人员如果都像我这样，许多事情就好办多了。

1949年11月，我成为解放军21军61师183团训练班的文化干部。接着，随大军到了宁波，准备渡海攻打舟山。

舟山解放后，我所在的部队被调到江苏太仓整训。几个月集训下来，我所在的部队被派往朝鲜参战，参与了在朝鲜战场上的最后一场大战——金城反击战，我还立了"三等功"。

张一鸣在朝鲜战场立"三等功"

在朝鲜，我一待就是三年多，直到1955年奉调回国。

回到国内，我复员回乡，在家乡海宁县周王庙小学教书。那时的生活真好，我将妻子曾琦从东北接了回来，我被定为小学七级教师。在学校，我教体育、语文两门课，还担任班主任，一家人开心极了。经过多年的战乱动荡，终于，迎来了和平安宁的幸福生活！

到了1958年，在一次运动中，我被戴上"历史反革命分子"的帽子，回乡参加农业劳动。我的妻子带着刚出生的孩子回海城娘家去了。我一个人住在路仲毛家浜的茅草屋里，度过了一个又一个寒暑。

几年后，我的妻子带着儿子又回来了，我们一家人就住在那个茅屋里，妻子与孩子为我受了许多委屈，但是，我的妻子始终对我不离不弃。

记得有一次年终，大队里开学习会，会议结束了，大队支部副书记突然叫住我，说道："张一鸣，你留一下。"

只见他拿出两元钱，对我说："快过年了，你拿去称二斤肉。"

我知道，他清楚我的窘境，尤其是爱人带着小孩过来后，家里吃饭的人多，我干农活体力不行，生活更苦了，社员们看在眼里，都对我家怀有恻隐之心。

"文化大革命"中，有造反派批斗我，他们将大队支书张财荣叫去揭发我的"反革命罪行"。张财荣对大家说："我要说一句公道话，张一鸣是个好同志，抗日战争时参加过打击日本鬼子，中华人民共和国成立后，又上过前线，参加了抗美援朝。在村里，诚心诚意接受思想改造，帮助社员做了许多好事！没有做错的地方。"他的这一番话，弄得造反派下不了台。

在老家，虽说我没有什么直系亲戚，但村里的老老少少待我们一家人非常好。我的毛笔字写得好，村里所有的扁担、农具、箩筐上写着的社员姓名，大多出自我的手笔。

在黄埔军校时，我学过测量、造桥、铺路这些知识，对于我在家乡的农业劳动不无帮助。在务农的日子里，凡路仲地方的筑桥铺路、建房修屋在技术上遇到问题时，村民就会不由自主地想到我。大家并不把我这顶"历史反革命分子"帽子放在心上，一有难题就会找我，觉得我会帮助他们解决困难。我不仅测量绘图，还为大队做了许多公益工作。

务农期间，种田、挑担、割稻、打场，样样农活我都干。但是，我从未泯灭过自己的梦想与追求，自从黄埔军校开始，我就喜欢数学，尤其是方与圆之间的规律，成为我心中的一个谜。1962年，我对一个数学问题提出了不同的看法，写了一篇论文，居然发表在全国颇具影响力的杂志《数学通讯》上。

改革开放以后，我被落实政策，平反了20年的冤案。我的工资是从1978年开始补发的，领导说："如果你有困难，我们可以发补助金给你。"

我想了想，说道："今天国家为我落实了政策，还了我一个公道，难道我还有什么别的困难吗？"由此，谢绝了上级的好意。

1981年，我在路仲中学退休，接着，我又在学校的校办工厂做了一段时间。我们路仲以出产湖羊闻名于世，由此，我办了一个校办羊毛衫厂，为当地解决羊毛的销路问题。

在1983年至1986年，我又办了一个家庭羊毛衫作坊，员工最多时有40多人。后来，年纪大了精力不济，就停办了。

我有两个儿子,大儿子叫张建,二儿子叫张伟。改革开放以后,大儿子考取浙江平湖师范学校,成为教师。二儿子1981年参军,在部队加入了共产党,考取了海军政治学院,毕业后被分配在海军航空兵司令部。我的两个儿子,一个是人民教师,另一个成了海军军官,全都继承了我的事业。

张一鸣与家人合影(摄于1998年)

陈瑞璋：早年出生入死尽忠报国
晚年儿孙绕膝福喜临门

2016年3月17日，笔者有幸在绍兴严家潭寻访了抗战老兵陈瑞璋老人。

2016年3月，陈瑞璋一家合影

浙江黄埔老兵的人生纪实

陈瑞璋,一九二二年农历腊月二十五生于浙江象山石浦,在徐锡麟小学与稽山中学读书,黄埔军校3分校17期毕业。衡阳保卫战期间任陆军第10军第3师参谋。

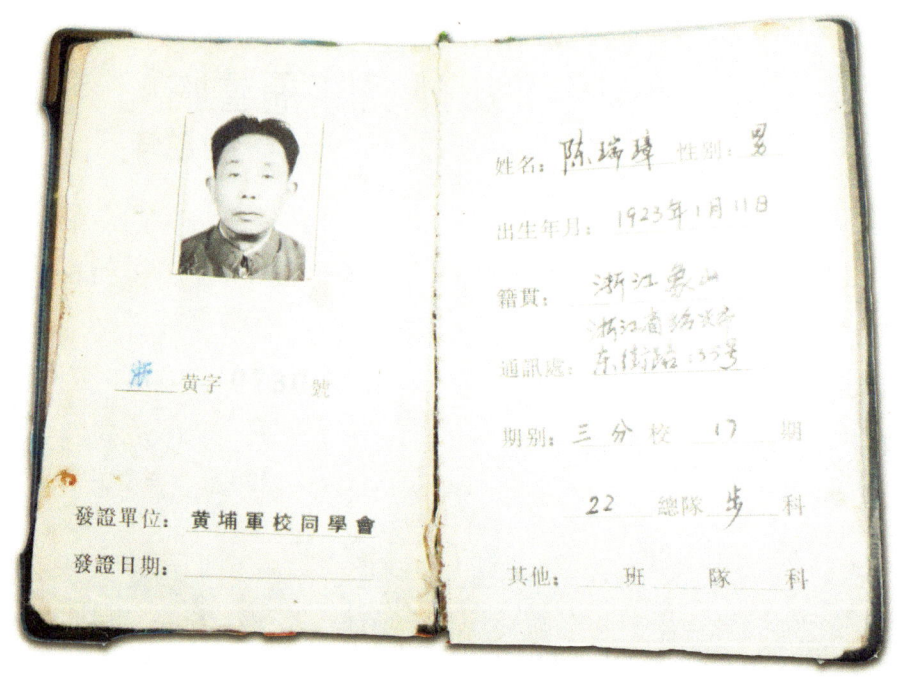

陈瑞璋的黄埔军校同学会会员证

这些日子来,老人可以说福喜临门,孙女从美国学成归国,即将完婚。另一件大事,陈老2015年11月9日前往衡阳抗战故地,参加了衡阳市举办的"牢记历史,珍爱和平,缅怀先烈,关爱老兵"活动,凭吊了在衡阳保卫战中牺牲的战友。

回想起一生的经历,老人感慨万分,以下就是陈瑞璋老人的讲述。

陈瑞璋：早年出生入死尽忠报国 晚年儿孙绕膝福喜临门

衡阳保卫战

1944年，抗战进入后期，欧洲战场上，盟国军队进入了大反攻阶段，德意轴心国节节败退，胜利在望。

太平洋战场上，美军正在围剿盘踞在太平洋各岛屿上的日军，并对日本本土的军事目标实行大规模的轰炸，日寇实际上已经到了垂死挣扎的地步。

但是，中国战场上，日本侵略者并未感受到即将灭亡的命运。在占领了我国沿海地带的主要城市以后，意在打通平粤、湘桂铁路，集中优势兵力进攻陪都重庆，以期迅速结束侵华战争（衡阳是平粤、湘桂铁路枢纽，也是沿海与内陆相通的咽喉）。由此，日本派遣军总司令部于1944年5月在汉口设立前进司令部，制定了"一号方案"（即豫中战役、长衡战役和桂柳战役）。

1944年1月，日军大本营正式下达了"一号方案"，调集军力达51万之众（占侵华兵力的40%），从4月17日开始，发动了大规模的进攻，日军很快攻陷了河南中牟、密县、许昌、郑州、洛阳等地。

6月14日，日军到达长沙，仅4天，攻陷长沙。

6月18日，日寇兵临衡阳城外，凭其占优势的兵力与武器装备，志在必得，以为中国军队一触即溃，衡阳唾手可得，叫嚣"只要一日就能占领衡阳"。

未料，就在衡阳城下，遇到了中国军队的强劲抵抗，双方殊死搏斗长达47天（6月23日至8月8日）之久，衡阳才告失守，写下了抗战史上历时最长、最悲壮，也是最为惨烈的一次血战。

衡阳失守,死里逃生

那时我在第10军3师参谋处当参谋。我们参谋处几个人——我和姜亚勋(参谋主任)、罗世霖(参谋)、王鉴开(参谋)等忙着绘制战图,策应前线战事。到了8月7日,对外通信突然中断,消息传来,主阵地易赖庙、青山街、天马山、五桂岭等先后被敌军占领。

次日(8日),敌人从演武坪一线逼近市中心,部队失去了指挥。当天夜幕降临,我和参谋王鉴开决定从西南方向突围。我们在尸体交错、血流成河的地带,摸着血肉模糊的战友遗体,趁着漆黑天色艰难地行进着,抱着抗战必胜的信心潜出敌军包围圈。东方呈现鱼肚白时,突然听到有操广东口音的警戒哨,顿时感到一股热流,意识到自己已经到达了友军阵地。

脱离了火线后,沿湘桂铁路到达永福县(隶属广西),向留守在那里负责第3师后勤的张琨参谋报到。时有《大公报》记者闻讯前来,在8月中旬,桂林版《大公报》做了"衡阳陷落后,有两位3师参谋突围出来"的报道。

时至1948年,我与妻子在济南结婚,从此就离开了部队,因为我母亲住在绍兴,于是,我们两人就步行回家了。

开了家小店

回到绍兴时,那里已经解放,当时的军管会接收了我。他们见我为人忠厚老实,同意我与妻子在绍兴街上摆一个小摊,卖烟

陈瑞璋：早年出生入死尽忠报国 晚年儿孙绕膝福喜临门

酒食品维持生计，还给我发了"手工业劳动者协会证书"。

到了1956年，政府给我发了一张"预备役军士证明书"，上面有国防部部长彭德怀的签名，以肯定我在抗日战争时期对国家所做的贡献。

从20世纪50年代一直到今天，我都有选民证，能与别的公民一样享有公民权，参与地方上的选举活动。

到了1958年，国家对个体户实行社会主义改造。公私合营后，那家小店合并到绍兴烟酒公司钢铁厂分店，我就在厂里的分店工作。我的妻子则在绍兴钢铁厂的服装厂做工。

成为裁缝师傅

1961年，绍兴钢铁厂遣散。我再次回到家里，好在我的妻子裁缝手艺相当了得，我的母亲也是一个裁缝师傅。当年踏洋车（缝纫机）还是一件稀罕事，多数人不会摆弄这种新式机器。我妻子有文化，一学就通。由此，我跟着她学裁剪衣服。

我们两人就在街上开了一家裁缝铺，门面极小，我拿着尺子量体裁衣，妻子踏缝纫机，日子虽然不富裕，但也过得相当滋润。我们做衣服的手艺好，且价钱公道，待人和蔼，街坊乡亲都喜欢拿着布料到我家做衣服。我们夫妻就是靠这台缝纫机将4个儿女拉扯大的。我的4个儿女都能体谅大人辛苦，个个都非常勤快孝顺。

到了1970年，我们全家大小（除大儿子一人外）到了农村。

那时，我已经快50岁了，从前没有做过农业劳动。开始时，我与大家一起下地干活。后来，社员看我们实在吃不消，听说我们两个人在城里是当裁缝师傅的,有人希望我们继续为大伙做衣服,于是,就打了报告,请求在村里摆了个裁缝摊,为社员做衣服。由此,我们就是用做衣服的收入到生产队里去买工分、买口粮,这种状况一直维持到"文化大革命"结束。

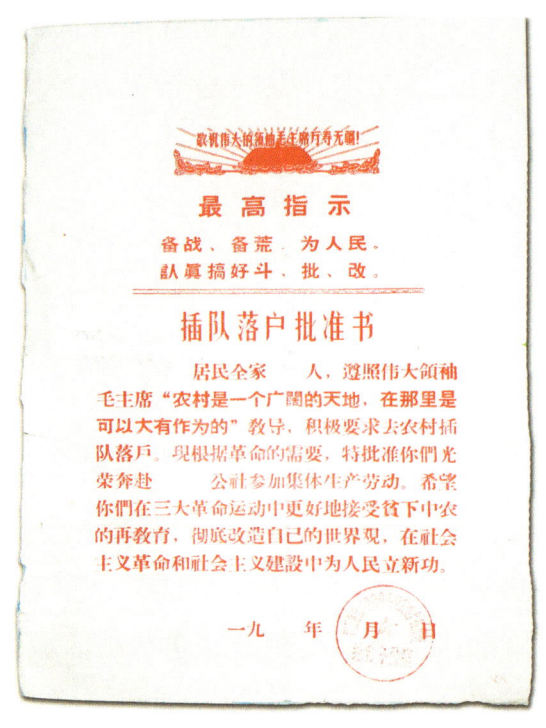

陈瑞璋一家的下乡光荣证

1978年我们全家又回到了城里。夫妻仍然摆裁缝摊,继续为四邻八舍做衣服。

此时我的4个儿女都已经长大,出去工作了,能赚钱养活这个家了。儿女见我们二老为他们操劳了半生,起早摸黑,省吃俭用,常常劝我们:"该歇歇了,不要再起早落夜地辛苦了!"

陈瑞璋：早年出生入死尽忠报国 晚年儿孙绕膝福喜临门

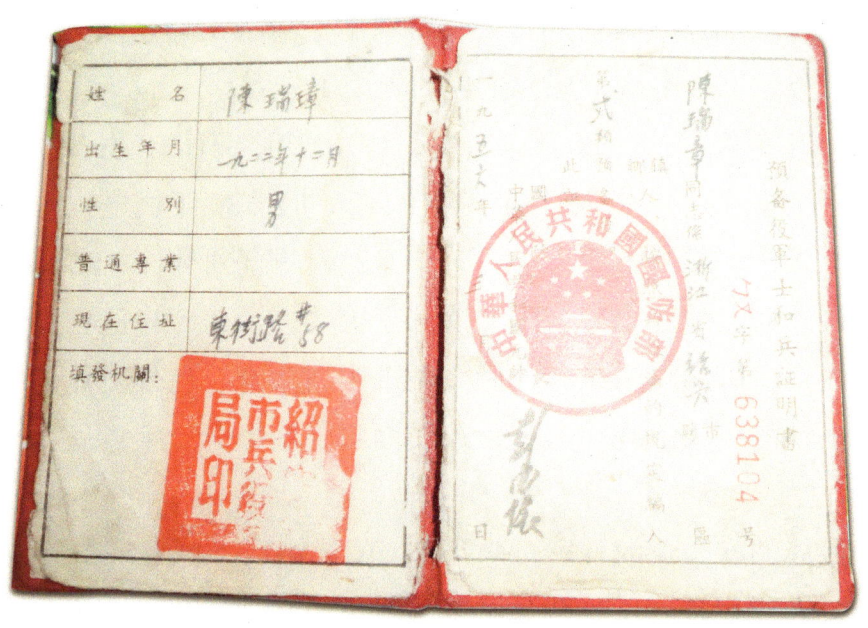

陈瑞璋的预备役军士证明书

我的妻子儿女

我们有两个儿子，两个女儿，都非常孝顺，在学校读书时，考试成绩常常名列前茅。尤其是大儿子陈洪鸣，1950年出生，数学成绩在班里常是第一二名，可惜只读到初中毕业就"上山下乡"去了。1978年回城后，在一家国企上班，20世纪90年代企业改制后下岗，在一个单位传达室工作直到退休。

我的大女儿丽敏，初中毕业后下乡，1978年回城。70年代末，绍兴举行招工考试，成绩好的人进全民所有制企业，成绩差一点的人进集体所有制工厂。大女儿以特别优秀的成绩考进一家国营大商场，不久就做到了柜台的班组长。

小女儿丽盈也是"知青",考取了一家进出口企业,成为公司的业务骨干,多次被评为企业的先进工作者。

小儿子陈洪伟,1960年出生,1970年时只有10岁,就跟着全家下乡去了。虽然只有初中毕业,20世纪80年代进入一家国营单位工作,吃苦耐劳,从普通员工做起一直到科长。90年代这家单位改制,他就出来与人合伙开了公司。后来,自己创办了一家企业,由国内贸易做起,后又做进出口生意,在外贸业务中取得了不错的成绩。现在这家公司做面料外销业务,生意做得十分红火。

我能够有今天的日子,全靠老伴的体贴。"文化大革命"时,有很多人骂我是"反革命分子",当年为与"反革命分子"划清界限而闹离婚的人不在少数,可是,我爱人自始至终认为我是一个好人,不离不弃伴随着我。对于我这一生来说,能有这样一个妻子没有任何抱憾的地方!

这些年来,不管外界怎么说,我的儿女都始终不渝地认为,父亲是好人。我要他们长大做一个正直的人,一个规规矩矩的公民,努力学习、努力工作。他们就是在这样的熏陶下长大的。他们坚信,父亲是个好人,一个抗日士兵。

担任绍兴黄埔军校同学会副会长

到了1986年,绍兴成立了黄埔军校同学会筹备组(上海黄埔军校同学会浙江省分会绍兴联络组),大家推选我当绍兴黄埔联络组的副组长。此时,我觉得生活有盼头了,日子也会越来越好。

陈瑞璋：早年出生入死尽忠报国 晚年儿孙绕膝福喜临门

那些年，我在绍兴城里、城外到处联络昔日的同学，忙得不可开交。我找到了十几位当年黄埔的同学。1987年，成立了黄埔军校同学会绍兴分会，大家推举我担任绍兴分会的副会长，一直延续到今天。

当了黄埔军校同学会的副会长以后，裁缝师傅的工作也就不做了。

时至今日，我的医保享受的是居民医保待遇，如果病重住院，医药费就可以报销了。

我的儿女都对我们非常好，他们大多退休了，常常回来看望我们。每到节假日，我们的儿女儿孙全都回来。他们用车子推着我到各处走走。

前几年，我的腿脚还利索时，儿女们陪我到风景区去旅游。现在，只要儿女有空都会回来，一家人团聚，日子过得圆满幸福。

参加"衡阳保卫战老兵重返故地"活动

让我难以忘怀的是，2015年11月，衡阳市国民党革命委员会特地举办了一次"衡阳保卫战老兵陈瑞璋重返故地凭吊战友活动"，邀请我们全家到衡阳去参加。

这次活动是为纪念抗战胜利70周年而举办的，民革衡阳市委邀请了当年衡阳保卫战健在的老兵参加活动，并拍摄了纪录片——《从血火中走来的英雄》。

那天，我们一家人从杭州坐高铁抵达衡阳车站。刚出站口，就见到许多衡阳民革的工作人员以及关爱老兵的义工举着"欢迎抗战老兵陈瑞璋先生重返故地凭吊战友"字样的大幅标语迎接我们。

2015年11月，陈瑞璋一家参加衡阳举办的关爱老兵活动

接下来的几天，我们先到岳屏山衡阳抗战纪念碑，祭奠当年在衡阳保卫战中牺牲的战友，凭吊了张家山衡阳保卫战烈士墓，后又前往南岳忠烈祠凭吊抗战烈士，还参观了南岳大庙及中正图书馆。

陈瑞璋：早年出生入死尽忠报国 晚年儿孙绕膝福喜临门

那次活动全程均有衡阳市义工协会的志愿者陪同，多家媒体对我做了采访，我还向青少年们讲述了当年衡阳保卫战的惨烈场面，告诫大家要珍爱和平，珍爱生命。这次活动令我们全家深刻地感受到全国人民对抗战老兵的敬重和对抗战中牺牲将士的缅怀。

浙江黄埔老兵的人生纪实

陈慎：世代书香第 抗战好儿郎

2017年2月23日，我们在杭州古荡访问了抗战老兵陈慎先生。陈老是浙江诸暨枫桥镇人，自幼家学渊薮，祖上世代读书，曾祖父陈伟是前清举人，人称"浙江经学第一人"。祖父陈守真早年

2015年9月15日
陈慎出席"铭记 关怀"华侨与抗战电视文艺晚会并发言

陈慎：世代书香第 抗战好儿郎

在北京大学哲学系教书，对《易经》颇有研究。父亲陈权（1890—1950），原名崇谦，字伯恭，曾任西北五省（陕甘青疆宁）测量局长。1949年在兰州随陶峙岳部起义，中华人民共和国成立后任中国人民解放军高级参谋，浙江省工矿厅高级工程师，1950年在杭州大陆高级测量学校校长任上过世。

以下就是陈慎先生一生的故事。

青少年时代

1923年12月25日，我出生在枫桥镇先后陈村（今先进村），在镇上骆氏小学读完高小，在绍兴承天中学和战时中学读的初中，后来又到金华读高中。记得1939年11月的一个下午，日寇6架轰炸机飞临枫桥，轮番轰炸，村里几百间民房被日军炸毁，和平宁静的村落，顿时血肉横飞，只剩下一片残砖断瓦，满地狼藉，惨不忍睹。枫桥集英小学十多个正在上课的小学生躲避不及，死于炮火。我的母亲见状，不顾安危，跑出去抢救邻里孩子，也不幸中弹身亡。

那年我只有16岁，见到被毁的家园、惨死的母亲以及众多乡亲流离失所，国恨家仇，牢牢地铭刻在心上。

临近高中毕业时，日军炮火步步紧逼，杭州、萧山相继失守，诸暨、金华一线也已经危在旦夕。我本想报考浙江大学，但是浙大已经西迁内地了，只好改考湖南大学，被湖南大学土木系录取了。

当时，同学们想到日军的大举进攻，国家民族，危在旦夕，纷纷投笔从戎。1941年春，高中毕业后的我放弃了就读湖南大学的机会，毅然决然地投考了正在金华地区招生的军校。被录取后，我们随教官来到江西铅山县陈坊军训部报到。我被编在入伍生1团7连，接受为时7个月的训练。受训结束后，学员们要经过第一轮的考试（主要是数学与体检）。考试及格后，我被录取在中央军官学校18期工科（即黄埔18期）学生队，我们由铅山县出发，步行到湖南零陵县（今永州）学习。军校的科目有桥梁、筑城、道路、测量、建筑、坑道、爆破、步兵攻战、孙子兵法、劈刺等内容。在校期间，我们享受的是中士待遇。

1943年8月5日，我从军校毕业。可以说，我在军校学会的这些本领，多年以来，无论在战争中，还是在后来的和平时期均使我受益匪浅。

在抗战前线

离开军校后，我们立即被指派到河南登封县抗战前线驻防。

我在13军军部参谋处任少尉见习参谋，与我一起到登封的几位同期战友钟仲绥、褚信、庐大成则被分配到军务处；黄余生、周柏寿在军部工兵营任少尉排长；钟仲桓任第4师工兵连排长；符气宏担任89师的少尉排长。

1944年，日军第110师团大举进犯豫西的伏牛山我方阵地，作战科长王统佐命令我到前线了解战备情况，回来汇报。当我到达4师12团阵地时，刚好敌军来犯。此时，我想到日军的残暴行径，大片国土沦丧敌手，百姓流离失所，民不聊生，母亲及众多善良的乡亲们惨遭日军杀害，国仇家恨，一齐涌上心头，再也

陈慎：世代书香第 抗战好儿郎

按捺不住悲愤的心情，我请示了12团的一位连长，拿到了步枪、子弹与手榴弹，与战士们一起进入阵地，见到迎面进攻的日军，我们猛烈开火，我打死了两个冲在前面的日军。

我军处于有利地形，居高临下。日军利用炮火优势，向我军阵地猛烈开炮，炮弹落在我的附近，炮弹开花爆炸，岩石被打得四处飞溅，有几块石头正好击中我的前胸，鲜血直流，直到今天我的胸前仍留着当年负伤的疤痕。

我们在阵地坚守了一个多小时，终于后援部队跟上来了，我军士气大振，敌军败退了。战后，我得到军部的传令嘉奖。在豫西会战中，升任中尉排长。

后来，在战事的换防中，我因工作需要被调到4师工兵连，移防到湖北的当阳县。我们工兵连的主要任务是造桥铺路，为大军的行进打前哨。当时我们造的桥梁大多是木制的简易桥，经常征用民船。我们将民船排列在河面，用铁索将船连接起来，再在船上铺上木板，这样，一条临时的浮桥就搭成了，军队、武器均能顺利通过。

未久，部队又要换防了，我随部队到贵阳青岩休整。休整后，我又奉调到军部工兵营。此时，部队南下至广西柳州。

我们工兵营的主要工作仍然是架设桥梁。那次我们是建造供大部队行进较为牢固的木桥，虽说也是临时性的桥梁，但比原先用木船连接起来的浮桥要好多了，桥梁牢固，可以较永久地使用，准备反攻时供大军通过（当时军队已经配备了美式载重武器）。正在建桥时，忽然传来特大喜讯，日本无条件投降了！全体官兵闻讯,欣喜若狂,那天晚上,大家欢天喜地,吃了一顿丰盛的庆功宴,让我至今难以忘怀。终于要过上渴望已久的和平生活了!每一个官兵都在心底里盘算着,胜利了,可以解甲归田,过上和平幸福的日子了!

抗战胜利以后

抗战胜利,我所在的部队奉上级调派,到广州去接受日军投降。

1945年中秋节,我们13军被调派到九龙,大家坐上开往东北的运输舰,三天四夜到达秦皇岛,然后,奉调到山海关、绥中、兴城、凌源一线驻防。最后,我们到了承德的避暑山庄。在东北战场上,由于国民党部队整体军事失利,13军守地逐步萎缩。我军从平泉围场到承德,又奉傅作义将军的命令,集结到北平。当时我是军部工兵营3连上尉连长。

在我们驻军北平时,傅作义将军宣布起义。当年我是为了抗日救国才当兵的,内战期间,从心眼里厌恶自己人相互残杀。于是,我离开了军队,带着妻儿回老家诸暨。

到了上海,正好遇见老上司戚扬(原工兵营的营长),他劝我一起去台湾。我说,我不想去台湾,只想回老家谋生。自此以后,我彻底离开了国民党部队。

到了家乡,就有一种无官一身轻的感觉。我的几个兄弟姐妹都参加了新四军的金萧支队。二哥找到了我,要我利用黄埔军校的旧脉络,通过路东县县长周岐山、江东区区长李寿鹏的关系,策反国民党的诸暨县县长张清尘,不料事情败露。我又通过我的关系，黄埔同学张石如（当时他是国民党县政府警卫中队长）营救了金萧支队的赵阿章、陈汉新等出狱，虽然冒了极大的风险，但我觉得自己做了一件有益的事。

获得新生

20世纪50年代初，通过枫桥区人民政府介绍，在浙江省公安干校学习5个月后，我被分配到临安专署省人民法院临安分院（即专署法院）工作。在法院工作的那些日子，我做事积极努力，很快被提拔为法院的助理秘书，负责司法行政工作，同时掌管法院印章。后来我又被调去审理案子。那些日子，我每天埋头苦干，常常做到深夜，第二天仍照常上班。可以说是兢兢业业，严守纪律，忠于职守。

在钱江建筑公司

1951年冬天，开展了一次"政治自觉运动"，我被编入公安处的学习小组，后来我被送到华东革命大学一部七班学习。

之后，我被送到乔司农场劳改。由于我有一定的技术，就被调到钱江建筑总队。后来，钱江建筑总队更名为钱江建筑公司。由于我不断向上级部门申诉，终于在1955年获得了释放。但是，他们仍动员我留场就业，实际上，当时我是一个并不具有完全自由的农场职工。

我被释放时，农场当众宣布，我成为钱江建筑公司的一名正式职工，发给我一张黄底黑字的工作证，每个月我能拿到29.5元的工资。

到了1956年，公司进行了一次工资改革，我被评为二级勘测技术员，工资也相应提高到一个月52.5元。不久，钱江农场成立了工会组织，我不仅是第一批工会成员，还被选为钱江公司设计队的劳保委员。

在公司里，我做事勤勤恳恳，为了工作东奔西走，跑了许多县市的企业、公司联系业务。有一件事让我记忆犹新，我们在开化大路边做煤矿测量，甲方自己也有四个人的测量组，由于当时开掘相向二边的同一个坑道（挖掘一个坑道，两边的人员由相对方向开掘），不知什么原因，双方能听见对方开掘的声音，却总是贯通不了。我采用了经纬仪测量了方位与水准，第二天就打通了，完成了任务。甲方非常高兴，特地请我们吃饭，我也高兴极了，一连吃了五个大面包和一碗红烧肉，回来洗了个热水澡，当时真是好开心啊！其实，这些技术早在黄埔军校时，教官就教过了，不费什么劲。

1966年，公司总部从杭州迁到郊区的闲林埠，我从钱江设计队被调进钱江机械厂铸工车间打泥芯。后来，又被调去做成品检验员。

由于我有技术，各种活都拿得上手，公司领导对我还算关照，从未受到批判，在经济上定了厂里的最高一档，每个月工资22元。有好几次，领导见我家里实在困难，还给我特批了二三十元的生活困难补助金，准许我回杭州探望家人。

陈慎：世代书香第 抗战好儿郎

改革开放以后

1978年秋，我离开公司回家，开始了"临时工"的生涯。当时，各家企业都缺少技术人员。我先接到户口所在地清泰街道的通知，派我到街道建筑队当施工员，不过，这家企业给的工资实在太低了，没谈成。

后来，我到河南杨村煤矿，做测量、预算与房屋设计工作，做了5个多月，又经人介绍回到杭州，在望江机械厂铸造车间当师傅一年多。我在许多地方打过工，在缙云新碧综合厂、诸暨萃溪公社探矿，还在江东机械厂、诸暨县草塔供销社以及一些建筑队当过技术顾问。有的企业我只干了几个月，有的做了一年左右，最长的一次是三年多。

在萃溪公社探矿时（那里发现了铅锌矿），我一个人跑到图书馆、冶金厅等单位查阅资料，花了3个月的时间，就铅锌矿的开采与粗加工的方法等方面，写出了几万字的开发报告。

20世纪80年代以后，政策逐渐放宽了。1982年，钱江建筑公司的总工程师付全信，到处打听我的下落，总算找到了我，对我说，现在要大搞建设了，各行各业都需要技术人员。大学多年不招生了，尤其是建筑业，青黄不接，多数企业在闹"人才荒"。他建议我去教书，培养年轻的建筑人员。于是，我到了省供销社绍兴分校办的建筑专业班教书，开始时只是当教师，教学员们如何识图、施工、管理、测量等，后来做班主任、教研组组长，工资也由原来的96元逐步加到300元。

申诉、平反、落实政策

多年以来,我心中始终有一个理念:相信党、相信政府,将来终有一天会给我一个公正、公平的结论,还我一生的清白!

改革开放以后,我常常听到许多人被平反,落实政策的消息。

我想,我只是一个"无业游民",一个临时工,20世纪50年代以来,组织上也没有给我定性,没有戴什么"反革命分子"或者"右派分子"的帽子,我也能获得"平反"吗?

回想自己一生的所作所为:早年投笔从戎,保家卫国,出生入死,真刀真枪,奋勇杀敌,参加过豫西战役、湘桂战役、粤西战役,抗击日本鬼子;抗战胜利后,厌战回家;中华人民共和国成立前,做过对国民党官员的"策反工作";20世纪50年代,投考省公安干校,做事兢兢业业,热爱祖国、拥护共产党领导;在临安专署法院时,工作积极,由文书到秘书,再到审判员;多年的改造中,恪守法纪,积极参加社会主义建设;在供销技校教书时,多次获得优秀教师称号;由我主持设计的诸暨草塔供销社建设大楼工程,获得优良工程业绩,等等。

我与二哥(浙江省农工民主党秘书长陈浪)与供销学校的谢校长谈起这些事。在他们的鼓励下,我鼓足勇气,到省信访办、到省法院申诉。让我深感慰藉的是,这些单位非常客气地听取了我的申诉、阅读了我的申诉书。特别是时任浙江省高级法院的邬家箴常务副院长,我在临安法院工作时,就是我的领导,对我的情况十分清楚。原钱江建筑公司的总工程师付全信,为我在钱江公司的表现、我的技术能力以及在省供销学校教书的业绩做了证明。

陈慎：世代书香第 抗战好儿郎

在我奔走半年多后，终于有了结论，我终于平了反、落实了政策。我恢复了名誉，获得了相应的退休工资待遇。

幸福晚年

1989年，我参加民革后，四次获得"省民革优秀党员"称号。

现在，我享受退休国家干部待遇，一个月有5000多元的退休金，夫妻二人住房有80多平方米，生活平静、康泰、快乐，晚辈时常过来探望我们。逢年过节，街道、社区以及许多志愿者会来慰问我们。

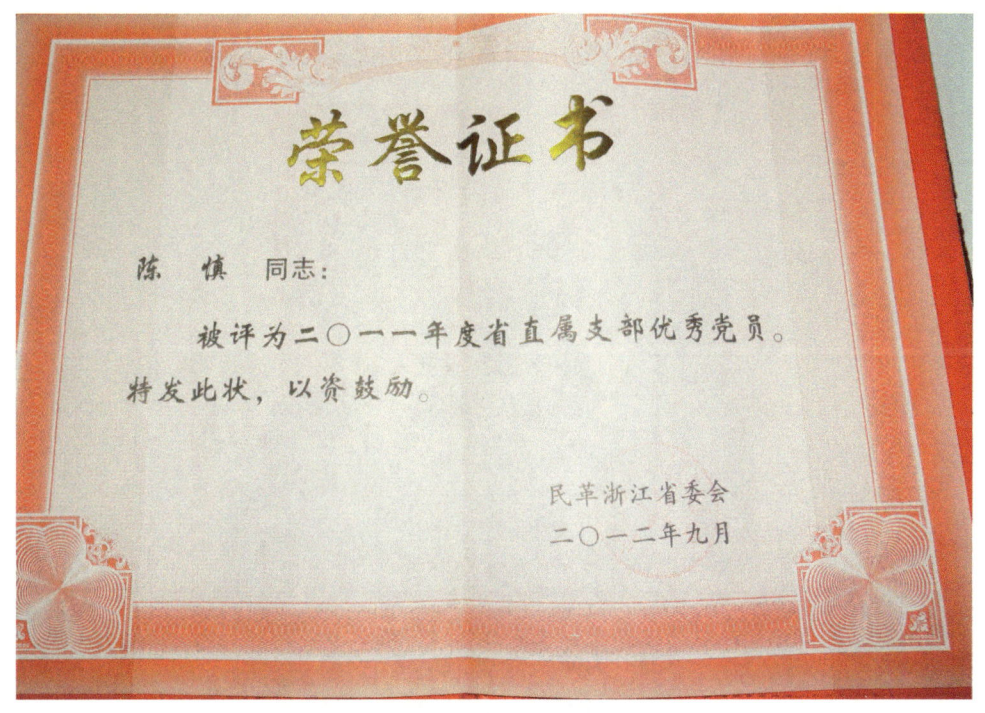

陈慎获得浙江民革颁发的奖状

我住在古荡,这个地方离玉泉、植物园与西湖不远,风和日丽的日子,我们夫妻俩常常携手同行,到这些公园去散散步,在湖畔的茶室坐坐,与老伙伴们聊聊天、喝喝茶,日子过得平静而愉快。

2015年,在纪念中国人民抗日战争暨世界反法西斯战争胜利70周年的"铭记·关怀"华侨与抗战电视文艺晚会上,我作为抗战老兵代表发言,并受赠"抗战胜利纪念章"。

回忆一生的经历,颇多感触,昔日已逝,来日可追,抚今追昔,我家兄弟姐妹五人,除大哥早年为抗战捐躯以外,其余几位均在86岁上下时驾鹤西去,唯有我一个,今年已经94岁了,依然身体硬朗、舒畅乐观,也应当知足常乐、安于天命了!

陈慎夫妇近照

林士瀛：世纪老人的金色年华

2017年3月25日上午，在杭州文一西路的湖畔花园，我们访问了抗战老兵林士瀛先生，林老向我们讲述了他的故事。

2016年，林士瀛百岁留影

在杭州度过青少年时代

我一九一八年农历七月十九生于杭州，祖籍在福建永定。父亲林烈扬（在日本时叫林金光）是老家福建永定县高陂乡西坡村唯一通过科举考试的举人，至今祠堂里还挂着他当年中举的匾额。父亲早年到日本留学，那时蔡锷下野后也在日本，恰巧与父亲相遇，成为挚友。回国后，父亲追随云南督军蔡锷，担任过云南省马龙州的知事。后来调回浙江，在慈溪、孝丰、永康三个县当过几任县长。

1917年，父亲在杭州买了房子定居下来，开了家肥田粉厂，后来又办过袜厂。张静江成为浙江省主席后，父亲担任禁烟局局长。

我在杭州出生，在大塔儿巷（皮市巷旁边）的正则小学上学。小学毕业后，到惠兰中学上初中。高中时，在六和塔附近（二龙头）的之江大学附中读书。1937年抗日战争爆发时，我高中毕业。

那时，爷爷在桂林开着一家厂，叫作林福裕五金厂，父亲与一个哥哥已先期到了桂林，管理那家工厂。

1937年8月13日，淞沪会战打响后，杭州受到影响，日本飞机经常飞临上空轰炸。开始时，城里没有什么防空设施，全家人只好在堂前的八仙桌上放几床棉被，方便藏在桌下躲避空袭。后来，飞机轰炸越来越频繁，百般无奈之下，母亲只好带着我们几个孩子到余杭乡下避难。

在余杭待了一个多月，似乎日本飞机来得少了。我们又回到杭州，谁知淞沪会战越打越激烈，日本轰炸机不时飞来，全家人只好再次去诸暨乡下躲避。随着日军的大举进攻，学校张贴出布告，要师生们向内地撤退。于是，母亲带着我们几个孩子到桂林去投奔父亲。

我们一家人从金华坐火车到鹰潭，在鹰潭下车后，步行到桂林。一路上，遇到能搭便车的，我们就搭车，如没有车子，只得走路。那时，我有一个妹妹、三个弟弟，年龄还小。逃难路上，全家疲于奔命，颠沛流离，母亲操劳过度，不堪负担，途中得了重病。到桂林的时候，只能依靠我们兄妹几个人将她携扶进大门。用了两个多月，历尽千辛万苦，总算与父亲团圆了。可是母亲却一病不起，不久就过世了（1938年3月）。

投考黄埔军校

在桂林，我先在一家青年会办的补习班里念书。在那个补习班里遇到一位同学，叫鲁雅良，他的父亲鲁忠修中将担任浙江省第五行政督察专员。他父亲来信动员儿子报考军校，为国效力。鲁同学与我是好朋友，就来劝说我一起去投考陆军军官学校。

对于我个人来说，一家人原在杭州过着和睦平静的日子，日本人打过来，被迫逃亡，流离失所。逃难时的艰难困苦，母亲的过早离世，令我悲痛万分。听了他的一番话，国恨家仇一齐涌上心头，心想，没有国哪能有家呢？国家兴亡，匹夫有责，报考军校正可以保家卫国。

其实，我爱好文学，那时（1938年8月），已经考取了广西大学文科。但听了鲁同学的一番话，我与大多数热血青年一样，决定投笔从戎，报考军校。由此，我与鲁雅良及另外一位补习学校的同学一起赶到桂林城外 30 余里的鹿寨军校招生办事处，那里正在招收黄埔 16 期炮科学生。

林士瀛在黄埔军校

在炮校学习

录取后只过了一个多月，我们从桂林的鹿寨出发，步行到贵州都匀的炮校所在地。一路上，行军十分艰苦。教官为了照顾我们这些刚从老百姓转为军人的年轻人，第一天只走了 30 多里，让大家有个适应过程，然后，每天增加行军的里程。经过一个多月的步行，到达贵州省都匀的炮兵学校。

在炮校，我所在的部队隶属炮兵总队 3 大队 8 中队，初时我们先做了几个月的入伍生，进行步兵的基本训练。基本训练结束后，才正式进入炮科学习。

一门炮需要有一班人合作，分别是炮手、填充手、射击手、瞄准手等。对于炮科学员来说，每一个位置都要训练。那是战争时期，炮弹稀缺昂贵，每个学员只能有一次实弹演习机会。一个中队也只有四五个人有机会实弹操作练习。

炮校的学习期限应当是3年，可那是一个动荡不安的战争年代，学制缩短为2年。

参加抗日前线的战斗

1940年，我从炮校毕业，奉命到浙江的第10集团军报到，分派在宁波防守司令部重迫击炮连担任少尉见习官。

记得有一天夜晚，我所在的部队被调到奉化布防，我军星夜赶到甬江岸边的阵地。上级下令晚上不能点火，以免暴露目标。未料，友军有个战士忍不住点了一支烟，对岸的敌军炮手见到火光，就打了一炮过来。我军暴露了目标，敌军也暴露了自己的阵地。当时，两军隔江对峙，战斗一触即发，形势非常紧张。

那些日子，我军不断地转移阵地，不断地撤退，不是因为我们打了败仗，而是为了争取时间，更有效地牵制日军部队。

1941年，重迫击炮连调到35师，我升任中尉排长，参加在临安、嵊县、新昌及浙西一线的作战。我所在的连队拥有的炮是口径82毫米的迫击炮，炮身不足1米，最远射程可达800米。实际上，迫击炮的射程在二三百米内威力最大。相对于我们炮兵连来说，步兵在作战的第一线，损失比我们炮兵部队要多。因为迫击炮连在战斗中的位置在步兵的后面，伤亡损失不如步兵那么惨烈。

我军的武器装备比起日军来说，要落后许多，以步兵而言，一个班10个人往往只有七八支枪。不少士兵是抽壮丁来的，有的士兵连草鞋都没得穿，甚至经常饿肚子。那时我在想，像这样打仗，什么时候才能胜利呀？对抗日战争必胜的信心是到了印度后才建立起来的。

1942年的一天，我随部队驻防江西樟树。那时，我刚从福建接领新兵回来，忽然接到父亲的来信，父亲说，他的一位朋友是军委会桂林行营的少将高参，可以介绍我去在桂林的陆军大学参谋班受训。在那个非常时期，离职很困难。我拿着父亲的信，向上级请假去军校学习，长官才特例批准。

好不容易从江西到了桂林，刚走到家门外，就感到不对劲了，只见大门上挂着白布条。进去才知道，父亲不久前去世了（享年60岁）。父亲的不幸辞世，让我到陆军大学就读参谋班的希望也破灭了，因为几个兄弟都不知道那位高参的姓名。

在印度兰姆伽军事基地

有一位在贵阳防空学校（下称"防校"）的同学告诉我，防校正在组织两个营的兵力编入中国远征军准备到印度去，问我愿不愿意到防校，就这样，我成为中国远征军的一员。

防校组织了高射炮两个营，到印度后改为高射炮营与工兵营。工兵营的任务是修理汽车与武器等机械装备。我所在的高射炮营（按美国编制）设5个连：营部连，第1连，第2连，第3连，补给连。我在营部连任上尉连长。

1942年，我们从贵阳坐汽车到昆明。然后，在昆明的巫家坝机场乘军用运输机直抵印度的兰姆伽军事基地。我所在的高射炮营有官兵400多人，分坐十几架飞机直飞印度。

在国内，我们被称为中国远征军，到了印度，就成为"中国驻印部队"。

1942年11月底，我们飞抵印度时，中国是冬天，可到了印度，气温高达二十几度。下了飞机，一位英国军官指挥大家到一个操场上集合，官兵分别列队，按个子高矮排好队伍。

接着，我们队伍向前行进100米左右，只见那里已放好大、中、小三种型号的军装。再往前不远的地方，有条小河，官兵们纷纷下河洗澡。洗完澡，每个人换上一套崭新的浅黄色英式军服。这时我已是炮兵营的上尉营副，有一双崭新的马靴，穿上后，人显得特有精神。

兰姆伽训练基地的后勤保障不错，生活条件比国内好许多，每个人每天有二两油、四两肉，还有巧克力。军官甚至配给香烟。除了军事训练，官兵还能打篮球、踢足球。部队训练了三个月左右，官兵们养壮实了，脸色也变得红润。

在印度、缅甸与日军作战

在兰姆伽训练结束后，我们又到离前线更近的印度东北角的雷多。到了雷多，部队一律换上美式装备。

在雷多又训练了一两个月时间。无论是在兰姆伽还是在雷多，不分兵种，先训练军官，再训练士兵。每个连队都配有一名中尉美军联络员和中国翻译，营部则配有美方的中校联络官。

当时，国内时常有剧团来慰问演出，电影则是清一色的美国片，全部是英语原声影片，我们看不太懂。当然，他们也看不懂我们的京剧。有时还有美国歌舞团来表演。

雷多训练完后，部队开赴前线作战。我所在的是高射炮营，一个美国军官告诉我们，在印缅作战，制空权基本上已经操控在我方手里了，敌机被我方空中力量压制，不敢轻易过来骚扰。

实际上，日本飞机只来过两次，第一次敌机飞来时，我方的炮火将日机赶跑了。还有一次，我军将几架敌机打伤了，高射炮使用的次数不多。不过，我所在营的2连曾用高射炮打下过一架日本战斗机。2连的连长周肇颐是我在军校16期炮科的同学，当时受到了司令部传令嘉奖。

战斗推进得很快，几乎每天都换地方，白天行军打仗，晚上睡帐篷。部队到过缅甸的八莫、密支那等地。在八莫待的时间较长，步兵几乎天天打仗，不时有日军俘虏送来。这些日军俘虏虽说打了败仗，看起来还是很强悍，一副不服输的样子。

每次战斗结束后，美国工兵就会马上跟进，只要3天时间，就可以用推土机将战场变成平地。

有一天，我们正在出操，一位美国联络官跑过来，大声说："告诉你们一个好消息，日本人投降了！"大家听了，情不自禁地欢呼起来，许多人开心得哭了！

到1945年8月抗战胜利为止，我们在境外整整待了3年。

我所在的高射炮营坐汽车经过仰光、密支那、野人山回到国内。

回到国内

胜利后，部队返国，驻扎在距离昆明30余里的小营坝。此时，我在新6军直属105榴弹炮营，升任少校连长。

在昆明住了一个多月，上级命令我们这个营开到长沙待命，准备调往东北。当时从西南调往东北有20个师，大部分是机械化部队，经过武汉、上海，全要涉河过江。每个登陆艇只能载6辆车，我们在长沙待命一个多月，才由长沙开车到武汉，上登陆艇。

不料，船到岳阳时我开始生病。到了上海，正等着过黄浦江时，病情加剧。部队将我送到上海医院检查，医师临床诊断，我得的是伤寒，必须住院治疗。由此，我进了医院。部队则随着登陆艇开到东北去了。

一个多月后，我病好了。此时得到消息，我所在的新6军在东北已被解放军打垮了。新6军是回不去了，我只好先回长沙。

在长沙，我被任命为联勤总部第五分区司令部运输处燃料科少校科长，分管湖南等地的弹药兵器。当时哥哥在长沙当外科医生。我结识了汤桂英，我们在长沙结婚。从1947年到1949年，我一直在长沙司令部运输处燃料科服役。

参加卢汉的云南起义

到了1949年8月，我们接到上级命令，部队开到昆明，与第十五分区司令部合并。我管理着100多辆汽车，带领着浩浩荡荡的车队，向西南方向撤退。未料，解放军走得比我们快多了，到了贵州省的贵定县，要过一条大河，前面的60几辆车已经过了桥。我坐在后面车上，前面的桥梁被解放军炸断了，我们只好将几十辆汽车全部留在河这边。

一直到了1949年11月，我们才撤退到昆明。12月，我们参加了云南卢汉将军的起义。

解放军进昆明城时，我所在军的司令、副司令全去了台湾，最大的官是参谋长，带领我们起义。1950年2月初，解放军派来了一位军代表，每天领导我们学习。

在西南军政大学云南分校

5月1日开始，解放军进驻云南，我们这些旧军队官员集中参加西南军政大学云南分校学习，为期半年。军政大学按部队编制，连长、指导员、排长都是解放军。

学习结束后，解放军的连长对我说："学习期间，你表现不错，是愿意留在军队继续服役呢，还是复员回家，参加生产建设？"

当时，我与妻子已经有了两个孩子。于是，我向上级要求，复员回家。

回到杭州

1951年8月，我拿到了复员证，带着妻儿回到杭州。

我们在劳动局报到后，工作人员告诉我，现在各家单位正在搞"三反""五反"运动，企业不仅不需要员工，还要大量裁员。由此，我只好在家中赋闲，待了半年多。我的父亲在马市街还有一套老房子，一家人便住进了老屋。半年后，当地成立了一家公私合营文教用品厂，我被劳动局派到这家工厂当会计。

刚到文教用品厂时，我的工资是47元一个月。这家工厂是生产计算尺的，虽说我是会计，也要常常到车间与工人一块儿劳动。那时候，工人的收入是计件的，也就是每个人按自己生产计算尺的多少来决定拿多少钱。我见到工人每个月能拿到80元之多，收入比会计高多了。于是，我向领导要求做工人，也按件计酬。这样，每个月我也有80多元的收入了。

在杭州民生药厂

1953年，领导又将我调到杭州民生药厂，这家厂在余杭塘上。

到了药厂后，他们对我说，这里没有那么高的工资，按"保留工资待遇"的规定，给我定为一个月70元。

自此，我一直在民生药厂的葡萄糖车间工作。我与厂里的所有职工一样，每天"三班倒"。厂里待我不错，让我在葡萄糖车间操纵仪器。我对这样的待遇较为满意。到了1978年，我年满60岁，在民生药厂办了退休手续。

加入杭州市民革

1981年的一天,有个人找上门来,对我说:"我是杭州市民革(中国国民党革命委员会)工作人员,我们想吸收你加入民革,成为会员(那时不叫'党员'),我过来征询一下你的意见。"

我说:"我不知道自己够不够格加入民革。"坦率地说,我在黄埔军校读书时(在毕业前一个月),上级要我们学员集体加入国民党,大家只要举一下手就行了,根本没有履行过什么手续,差不多是强制的。临到毕业时,才发给我们一个党证。后来,在临安的一次对日作战中,一个传令兵开溜,将我的党证及其他东西也顺手带走了。此后,从未补办过。中华人民共和国成立后在西南军政大学学习时,我们这些从旧政府过来的军官自愿全部集体宣誓退党,早就不再是国民党员了。

参与"民联业余学校"工作

加入民革后,除了参加杭州市民革举办的各种会议与活动以外,1983年开始,我参与创办杭州民联业余专修学校(当时省民革也有一个类似的学校,叫作浙江长征业余学校)。民联业余专修学校属于市民革管理,长征学校则属于省民革领导。

20世纪80年代以后,经济建设蓬勃发展,各个单位求贤若渴,因此,我们民联业余学校非常兴旺。从1983年开始,每年招收新生,全校学生最多时达到60多个班级。学校采取业余形式办学,我们借用了杭二中、杭八中、人民中学,还有艮山中学等的校舍作为"民联学校"的教室。

学校的教师是外聘的。初时,我担任学校的总务主任,每学期我都忙着招聘临时教师及处理其他事务。当然,民联专修学校的毕业文凭不是由民联发的,学校是杭州广播电视大学委托民联办学,采用的教材由杭州广播电视大学提供,毕业文凭也由杭州广播电视大学颁发。考试时间也由市电大决定,电大总部设在解放路上。考卷是在临试前一个小时才送达教室。十几年下来,我们培养了数千名大学生,这样的状况,一直延续到90年代末。

开始时,我是民联学校的总务主任,后来,成为教务主任、副校长。20世纪的八九十年代,杭州市民革下属的四个单位比较出名,一个是民联业余专修学校,另一个是中山科技公司,还有一个书画社及一个文印社。

幸福的晚年生活

我有四个孩子,两女两男,大女儿从事财务工作,二女儿是国家机关退休干部,两个儿子在阿根廷开餐馆。大儿子已退休回来,在杭州买了房子养老。小儿子仍在阿根廷。那是一个旅游城市,他经营得不错,城市中只有他这一家中餐馆,生意兴旺。小儿子也已在杭州买了房子,准备退休后回来。小儿子夫妻早就将独生女儿送回来了,让她在国内念书,在杭州结婚。我希望孙女能学好国学,将祖先传下来的优秀文化继承下去。我的另外两个外孙与一个孙女,也已成家立业,并有了孩子。我们一家人四代同堂,其乐融融,有着说不完的快乐故事。

2010年,我和老伴住进转塘的"金色年华老年(居家型)公寓",有100多平方米。儿女们也常常来接我们去他们家里住。

老年公寓的环境不错,管理一流,不仅有餐厅、医院、超市、影院、棋牌室等,还有一个书画社。每座大楼都有个管理站,工作人员每天来查房,嘘寒问暖。我们生一点小病,管理员都会知道,无论有什么困难,管理员都会想方设法解决。老人们称她们是"好管家"。

我常去棋牌室打牌,我的运动主要是走路,楼道里有条长廊,有100多米,我每天要来回走10圈,老伴只能走两圈。有时我还在院子里打太极拳。

2013年2月8日,时任杭州市委书记黄坤明特地到金色年华老年公寓来探望我,给我们拜年。

多年以来,我心态平和,儿女孝顺,饮食有规律,不管菜好坏,只要吃到七分饱就行,几十年来,没有改变过,这是我长寿健康的诀窍。当然,还有一个因素,是年轻时的艰苦训练打下了健康的基础,一辈子不停地工作也是长寿的原因之一。

我对晚年生活非常满意,也希望大家都能健康长寿,幸福快乐!

林士瀛：世纪老人的金色年华

2015年9月，林士瀛参加浙江纪念抗战胜利70周年主题活动

林锷：百岁老兵　风范不减

2017年3月5日，我们在浙江台州市黄岩区城关镇的一条文脉幽深的小巷（小梅梨巷）里，访问了抗战老兵林锷先生。虽说林老年逾百岁，依然身体健康，思路清晰，谈吐不俗，不失儒雅风范。以下就是林老为我们讲述的他的故事。

青少年时代

我一九一六年农历二月初九生于黄岩县城关镇，原名叫林伟锷。父亲林求仁（1892—1980）是上海美术专科学校第一届毕业生，也是浙江最早提倡美术教育的人之一。1922年，父亲在杭州创办了全省首家美术学校（私立浙江美术专门学校），并任该校的校长。

当年学校培育了许多著名画家，诸如余任天、张一山这些人都是父亲的得意门生。也许是受家庭的熏陶，我家兄弟姐妹五人耳濡目染，自幼就对绘画有着浓厚兴趣。如果没有那场战争（抗日战争），也许我会成为一名出色的画家。

在家中，我排行老二，小学在城关镇的寺后巷小学读书。毕业后，我到黄岩中学读了两年。那时父亲调到临海，成为临海回浦中学的校董，由此，我在初三转到回浦中学继续读书。

林锷：百岁老兵　风范不减

林锷与上辈家人照片

中学毕业那年（1937年），我第一次离开家乡走上社会，适值卢沟桥事变爆发，日寇大举入侵，到处轰炸，百姓家破人亡，四处逃难。当时的青年人个个义愤填膺，纷纷投笔从戎。我的胞弟正在江西吉安做事，来信要我到吉安去。未料，那次江西之行成了我人生旅途的转折点。

那些日子，无线电中反复播报日本大举侵略我国的消息。这是一段动荡不安的岁月，日军疯狂进攻，国土沦丧，国家危在旦夕。每一个热血青年都喊出了这样的心声：国难当头，匹夫有责。

我不由得萌生报考军校保家卫国的念头。不过，当时在吉安报考军校的人很多，竞争非常激烈。在报名的上千人中，只选了100个人，我幸运地名列其中。

1937年年末，我进入"战时干部工作训练团第3团"（以下简称"干训团"），后来干训团并入中央陆军军官学校，我被编入在瑞金的第三分校政治科，政治科学员不仅要学习各种政工课程，还有军事技能训练。通常情况下，陆军军官学校的学制为3年，不过，当时情况不同，日军大举入侵，国家处于生死存亡关头，国家用人之时，军队需要大量干部，学制缩短到一年半。

1939年，我从黄埔军校（16期）政治科毕业，被派到浙江松阳县古市镇42补训团任见习官。3个月后，任补训团少尉排长。几年来，在补训团担任过指导员、上尉中队长、少校大队长等职务。

在松阳做"补训"工作

松阳县是一个浙西南的小山城，我的工作是在后方为前线部队做"补训"。所谓"补训"，也就是负责为各军师管区招募新兵，然后，进行训练，再输送补充到前线部队中去。当然，我们也对前线撤退下来或换防的军队进行休整，补足力量，为他们重上前线做准备。具体工作包括军队的整顿、补给、鼓舞士气这些事。

许多基层军官、军士被抽调到补训团来集训，我们以国史上的民族英雄岳飞、文天祥等人的事迹来激励他们走上战场、奋勇杀敌。至于说前线下来的伤病员，补训处不仅为他们疗伤，还做鼓动工作。我非常关心前线战事，喜欢和官兵们聊天，为他们鼓劲的同时了解前线的战情。

闲谈中，我们为战士分析形势，坚定他们中国必胜的信心；给他们讲保家卫国的故事，点燃他们的抗战热情。将士们在补训处休整，恢复健康以后，重上战场杀敌报国。

林锷：百岁老兵　风范不减

随着战争的持久与深入，前线局势越来越紧张，源源不断的伤员从前线下来，看着大批伤病战友的到来，我们不仅感受到前线战事的紧张，也深感肩上担子的沉重。那些年，什么地方需要我，我就到那里去。回想起来，都不知道自己是怎么过来的。好在我早年受家庭熏陶，有绘画功底，在军校学习时掌握了许多做政治工作的基本知识与技能。因此，除了做军人的思想工作以外，我们还到大街小巷的墙壁上绘抗日宣传画、写抗日标语；出黑板报，宣传前线战事；表演抗战剧目，鼓舞民众与士兵抗战到底的决心，号召大家万众一心，一致对外，保卫家园，抗击日本的侵略。

后来，我又被派到三门县去训练县级行政官员。

抗日战争那段日子，成为我一生中最值得回忆的岁月，也是我人生最有意义的一段时光，因为我证明了自己的能力与抱负，读书、绘画、写作、演讲、做思想工作，用我手中的那支笔抗敌救国，为国家与民族生存与发展尽了绵薄之力。

1945年，抗战胜利后，我退役了，办理了转业手续。当时我想，现在国家到了和平建设时期，我仍年轻，应当学一门有用的技术，才能更多地报效国家。

由此，我到南京去投考上了铁路学校运输系，两年学习期结束后，被分派在上海铁路局北站工作，从事铁路部门的货运稽查。

我的工作主要是办理巡查走私、违章和调解纠纷等事务。

从铁路局到开画店

1949年5月上海解放后不久，上海铁路局安排我们到浙江干部学校二部（铁路系统）集中学习（当年校长是谭震林）。学习结束后，我被分配到郑州铁路局洛阳西站，成为货运室的负责人。后来，由于我在抗日战争时期是国民革命军军官的身份，离开了铁路部门。

1953年，我到了上海，先在一家医院里当会计，但医院收入太低，那时我的几个儿女尚未成年，全家老小全靠我一个人支撑。从1955年开始，我到南京开了一个"艺林画室"，又成立了"曙光美术广告画社"，以作画、卖画维持生计。在美术社里，一干就是十多年。

那些年，我从事画店工作，什么油画、粉画、炭精画、国画，我全画过，不过炭精画是我的拿手好戏。客人需要什么，我就画什么，以画人物为主，成了一个地地道道的职业画匠。20世纪五六十年代，老百姓有照相机的人不多，因此，画店生意一直不错，主要收入来自绘制人物肖像。在一般情况下，每个月能赚到一两百元，这样的收入当时算是相当阔绰了，一家人的日子过得蛮滋润。

开家画店成本不高，主要靠绘画的技巧，只要几张画纸，几支粗细不一的画笔，全神贯注地作画，一张张图画就从我的手里源源不断地出来了。我画过一二十米高的毛主席油画像，不过，画的最多的是一般的人物肖像画。大抵上来说，创作肖像画是一个细活，如果想拿出精品来，一天最多也只能画出两张。

改革开放以后

1983年落实政策，我又回到郑州铁路局洛阳机务段，恢复了

林锷：百岁老兵 风范不减

原来的职务。只是复职不久，退休年龄到了。

退休后，我仍回到老家黄岩，再次拾起了老本行，在城关镇的县前街开了一间画铺，称为"黄岩艺林画室"。在那家小店里，我既是老师（教当地青少年绘画），又卖自己的画作，作品仍然以肖像画为主。

坦率地说，20世纪80年代时，我的退休工资只有几十元，而画店的收入居然高达数百元，一家人的生活过得不错。几年下来，我在城关镇上也算小有名气。

老兵林锷

开画店的那些日子,我不仅出售画作,也带出了不少学生。当然,我开画店也不完全为了经济原因,更多的是为了爱好。我喜欢画画这个事业,也喜欢有三五好友,饭后茶余,聚在那间不算大的画室里,一边作画,一边聊天,一边喝茶,一边悠然自得地看着大街上的人来车往。

时光流转,炭精画慢慢地淡出了大众的视线。不过,在我的心中,一幅幅画作带着过往的岁月沉淀,依然留在记忆之中,随着时间的流逝,年岁的增加,挥笔创作的那些日子,越发显得难舍难忘!

参加黄埔军校同学会

早年黄岩县城文化馆有个京剧之友联谊会,我与一帮志趣相投的京剧爱好者聚在一起,我拉京胡,伙伴们演唱京剧。随着岁月流逝,许多志同道合者慢慢走散了,京剧之友联谊会也渐渐衰落了,我们常为之惋惜感叹。

后来,我又在孔园中找到了知音。在园中,许多戏剧爱好者聚在一起,我们边拉琴,边唱和,自娱自乐,开心极了,也为黄岩县的业余文化生活添了一道特色景观。

去年,在我百岁生日时,许多亲友,区黄埔同学会的同学、干部,还有志愿者来为我祝寿。大家聚在一起,唱歌、唱京剧,我依然为大家拉胡琴伴奏,并与大伙合唱了几段京剧。

20世纪80年代时,我们区的黄埔同学还有78个人,大家聚在一起,相当热闹、相当开心。现在,区里的黄埔同学只有3个

林锷：百岁老兵 风范不减

人了。在这 3 个人当中，我年纪最大，最小的一个也有 96 岁了。早先，我们这些黄埔同学相互约定，每月 15 日在直下街的同学会办公室聚一下，叙叙旧。不过，近年来有几个校友身体不太好，还有人躺在床上靠人照顾，只有我和另外两个校友还会到办公室碰面叙谈。

我的长寿诀窍

2016 年我已经 101 岁了，依然身体健康，生活自理，我这个人生性豁达，宠辱不惊，为人和善，心态平和。无论是在军队还是在机关，或者是自己开画店，我都喜欢交朋友，老老少少的人都有。

我有自己的爱好，早年在黄埔读书时，就学会了拉二胡，平时又喜欢作画。另外，每天听收音机，了解国内外的新闻，成为我的必备课。欣赏音乐、拉胡琴、唱京戏、写书法、作画是我生活的重要部分。去年在百岁寿宴上，我还亲自上阵，演奏了几首小曲，为台上表演的人伴奏。有人说，当时我越拉越带劲，一点看不出疲惫的样子。

我的另一个爱好是骑自行车锻炼身体。20 世纪 50 年代，自行车还是一件奢侈品，我就买了一辆作为代步工具。到了 80 岁，我仍能骑着自行车与朋友们一起到附近的景点旅游。我们常骑自行车去几十里外的路桥、椒江等地。自行车，不仅是我的代步工具，也是我的运动器具。

如今，我的儿女、孙辈们分别生活、工作、学习在上海、南京、香港、黄岩等地，每逢春节，他们都会回来看望我。我心情愉快，家庭和睦，儿女孝顺，这些都是我长寿的原因。

2016年，林锷百岁诞辰时拍摄的全家福

近年来，腿脚有点酸痛，出去散步少了，但我仍然每天坚持在房间里锻炼。早上8点钟醒来，先在床上做一个小时的全身按摩运动，然后起床。晚上9点睡觉前，泡泡脚，做些按摩运动。如果不做这些运动，仿佛一天都会不舒服，好像缺了点什么似的。如今，我身体尚健，有国家发给的退休金安度晚年，生活无忧，子孙满堂，其乐融融！

回首往事，抗战岁月，艰苦卓绝。今天，国家面貌焕然一新，各项建设事业蒸蒸日上，老百姓安居乐业，今后人民生活会更加安康和美好！

项延年：昔日征战沙场 今日热心公益

2016年3月29日，在温州龙湾区沙城街道迎宾街，我们访问了抗战老兵项延年先生。老人身体硬朗，性情乐观，听说我们到来，马上迎了出来，将大家引进了他的农家书屋。书屋分左右两个部分，一部分为图书报刊；另一部分挂满楹联、诗词、绘画，琳琅满目。同行的人告诉我们，这里仅是项老农家书屋的一部分，他的多数图书已经存放在沙城街道图书室（项氏宗祠）里了。

访谈中，项老向我聊起了他的人生故事——

报考黄埔军校

我1921年12月27日出生在温州永嘉县沙城镇的七甲村，父亲是个华侨，早年漂洋过海到日本打工，积了点钱，才能供我读书。

1937年7月7日，日本人发动卢沟桥事变。1938年，日军大举入侵，上海、南京等大片国土相继沦陷。

不久，日本军机轰炸温州城，血肉横飞，惨不忍睹，市民极为愤慨。为了躲避空难，城里装了防空警报，只要警报拉响，百姓四处疏散。学校也一样,师生听见警报声,立即停课,疏散到各地去躲避。

日寇的魔影时刻笼罩在每个人的心头,宁静的家园、平静的生活,自此消失。生命与家园随时受到威胁,学校失去了往日的安宁,我们已不能平静地读书。"国家兴亡,匹夫有责"之声激荡在每个热血青年心头。

1938年2月,温州"战地工作人员训练班"招收学员。同学们闻讯,踊跃报名,我虽然是独子,也毫不迟疑地加入了他们的行列。与我同时被录取的男女青年有130多人,经过6个月的严格训练,被分派到各个地方与部队。

我与20多名学员被分配到陆军107师政治部宣传队工作。当时,107师正奉命赶往南昌参战,宣传队也随军上了前线。

那时,我写了一首诗,题为《赴南昌抗日前线》,表达心情:

寇深危急且忘家,蚱蜢千舟别永嘉;
百万青年前线去,疆场喋血卫中华。

宣传队的主要工作是向战士与民众宣传抗战道理,刷写抗日标语,演唱抗日歌曲与表演抗战戏剧,以鼓舞人心与激励士气。

南昌失守以后,部队转移到江西省铜鼓、万载,经过短暂的休整后,又开赴湖南浏阳、醴陵、汨罗、新市一带布防。接着,我们参加了第二次保卫长沙大会战。

1940年,奉上级指示,我所在的宣传队解散。部队将宣传的十几个人送到湖南武冈县山门军校（黄埔军校二分校总部）受训，由此，我成为黄埔军校二分校17期的学员。

众人登临南岳衡山，举目望去，河山壮丽，草木依旧，却面临着日寇铁蹄的步步紧逼。想到国家进入多事之秋，沪杭相继沦陷，湘汉之战，前景难卜。学员们渴望在武冈军校集训后，指挥部能运筹帷幄，扭转乾坤，将日寇驱逐出国土。大家决心献身民族，与侵略者决一死战。此时此刻，我百感交集，写下了《登南岳衡山感赋》：

> 烽烟南岳偶登临，仰望融峰插太清；
> 忆昔沪杭兵有失，感今湘汉势难赢；
> 但求帷幄运筹妥，且鼓豪情仗剑行；
> 莫道年青刚血性，愿捐一介搏长鲸。

记得分校总部设在武冈县的一个寺院内，有祠堂、宗庙，建筑宏伟。我们将这些庙堂建筑稍加修理，便成了校舍。不久，举行了新兵入伍仪式，分校主任李明灏、教育处长李亚芬分别在仪式上讲话，并宣读了新生入伍纪律。

李主任说，学员在武冈县军校必须接受6个月严格的军事训练，考试合格才能升入学生队，希望大家努力再努力，学会本领，杀敌报国。

1942年，我从军校毕业，成绩优秀，被留下担任教官（区队副），开始对第18期学员的训练。

在军校担任教官的那些年，学员除了学习基本的军事知识与操练以外，主要训练内容是针对日军空中优势的"地对空"战术（防空高射炮技术），以及应对日寇坦克部队平射炮的作战技术。

经过6个月的紧张训练，大多数同学被派到缅甸远征军去服役了。临行时，我们为学员送行。会上，我们祝愿同学们上了战场，奋勇杀敌，旗开得胜，马到成功，将日寇驱逐于国门之外。可惜的是，那些非常优秀可爱的学员，离开军校后，开始偶尔收到一两封来信，尔后，便杳无音讯了。感慨之余，我又写道：

一旦分离隔万重，最怜灯下忆初衷；
永修河水南昌月，映照殇魂梦里逢。

抗战快要结束时，我父亲病重，于是，我回到了温州，先在一家学校代课了一段时间。抗战胜利后，我参加了浙江保安师团温州支队，成为上尉连长。

1949年，解放军接近温州时，我所在的部队宣布起义。

中华人民共和国成立后，我们这些人就被遣散了。

在七甲小学教书

我回到老家瓯海县沙城镇的七甲村，在七甲小学教书。

1950年，上级要我们集中学习。于是，我参加了学习班。在集中学习时，我因为表现优秀，被选为"学习积极分子"。

接下来，我们参加了土改宣传队。因为抗战时我接受过文宣培训，参加过抗日宣传队工作，对于"土改宣传"有点办法，队里的许多事都由我操办。况且，我会唱歌、唱京剧，宣传土改政策可说得心应手。

1951年时，由于乡村学校师资文化水平较低，上级决定让全区（永强区）在职老师到"永中"（永强中学）去培训。那时高水平的乡村教师不多，由此，我虽在永中学习，其实，还当了大家的语文教师。

当时，七甲小学有一二十名教师，二三百个学生，分为5个年级（每个年级一个班）。我经常被指派上公开课，全区老师都来旁听、观摩，成为学校的社交主任，负责学校与社会的联系。

我在教书时，工作谨慎，小心翼翼，为人友善，在师生家长中，有口皆碑。

在青海劳改农场

1957年"反右"运动后，我受影响被送到青海劳动改造。

在青海劳改农场里，我日夜思念远在七甲的妻儿老小。

我有5个孩子，老大只有14岁，我被押送青海劳改后，乡里对我的妻子还算照顾，让她去养猪。妻子靠养猪收入，一个人将几个小孩拉扯大。

那年我的大儿子项学海刚好读到初二，后被迫辍学，回家种地，后来，烧砖做瓦，今已70多岁，在沙城开了一家杂货店。

二儿子项有礼，没有读过书，原来务农，今开了一家小店（阀门零件店）。

大女儿项珠香，初小文化。

二女儿项联珠，也没有读过书。

三年自然灾害时，一家几口人实在活不下去，百般无奈之下，妻子只好忍痛将小儿子项有勤送人了。

多年以来，我没有尽到一个父亲的责任，更没有尽到一个丈夫的义务。这个家全靠妻子一个人支撑下来，千辛万苦将儿女拉扯成人。此事让我一生都对妻子怀有深深的感激与愧疚！

到了1969年，刑期满了，但是，我仍不能回家，必须留在青海继续劳动。于是，我们只能继续留在农场里劳动，开荒种地。虽然继续在劳改农场，但是发给工资，青海工资比南方略高点。

返回故乡七甲

到了1979年11月，我可以回家了，算起来，在青海总共待了20多年。从青海迁归的路上，坐火车需要三天三夜才能到温州。此时，归心似箭，回忆起20多年的经历，恍若一场梦。

不过，想到即将见到年迈的母亲，久别的妻儿，故土的山水乡亲，不由得悲喜交加。

回到瓯海县（今瓯海区）沙城七甲村，河山依旧，乡音不改，昔日尚未成年的儿女已经拖儿带女了，旧友过来探视，甜酸苦辣，百感交集，不由吟诗一首：

塞外归来客，劫余形色惨；
故人来暗问，促膝夜攀谈；

项延年：昔日征战沙场 今日热心公益

枷锁生涯蝴蝶梦，琵琶声泪湿青衫；

唏嘘复唏嘘，感慨再而三；

万里生还天照顾，廿年囚禁竟回南。

重操教职

当时，七甲小学正缺教师，师资水平较低，甚至有不识字的老师（仅因生活困难"照顾"当教师者）。

乡民都知道，我在县城读过书，黄埔军校毕业，当过教官及学校老师，他们承诺让我回乡在村小教书。到了七甲村，情况又变了。校方对我说："现在学校教师的名额已经满了，你当代课老师吧。"

由此，在七甲村，我成为一名代课教师。

这是20多年来第一次走上讲台，虽说只是一名代课老师，抚今追昔，感慨万千，写了首小诗：

锋镝狱冤随幕过，平生坎坷感伤多；

救亡投笔兴邦国，抗日参军战倭寇；

弹雨枪林三进出，课堂野练一严苛；

鬓霜六十应无悔，几度凉炎仍放歌。

虽说我这名代课教师只是临时性的，但是，师生与家长对我的反映不错，经常是这个学期代完这所学校的课，下个学期又到另一所学校去代课。我在5所小学教过书,在七甲一带已小有名气。

加入黄埔军校同学会

1984年,瓯海县(今瓯海区)人民法院给我平反后,落实政策在县人民政府教育科。由此,我有了退休金,生活也安定下来了。

自此以后,日子一天比一天好,可以说是苦尽甘来,有了一个幸福的晚年!

这些年来,我在家里读书,打理自己的书屋。

1986年,瓯海县(今瓯海区)黄埔军校同学会筹备组成立。有一天,一个黄埔同学跑来找我,见了面,问道:"你就是项延年吗?"

虽说隔了几十年没有见面,可是我一眼就认出了他,说道:"我一看就知道,你就是夏春华!"

自此以后,在黄埔军校同学会里,我遇到了不少老同学。

有位同学叫孙润雨,乐清人,那些年,他以绘画书法自娱,与我很投缘,我写了一首小诗送他:

空谷佳音诗足珍,悠闲自得返天真;

八旬应见鬓毛白,鹤发童颜不老身。

才情横溢薄云天,书画崇徐仰古贤;

醉卧沙场今耄耋,沧桑历尽庆团圆。

项延年：昔日征战沙场　今日热心公益

1991年，瓯海县黄埔军校同学会会员合影。后排左5为项延年

在黄埔军校同学会里，我撰写回忆录，赋诗作词，将抗日战争时期的经历及所见所闻写了下来，这些文章发表在《瓯海县文史资料》、《龙湾诗词》（温州龙湾区诗词学会的会刊）、《夕阳梦》（温州经济开发区文教体刊物）等刊物上。媒体也经常过来采访，请我讲述抗战时期及一生跌宕起伏的故事。

我自小喜爱文学，酷爱诗词，写诗作文成为我生活的一部分。2002年，我参加了温州市龙湾诗词学会与龙湾农民诗社，通过作诗填词，颂扬改革开放的丰硕成果，表达自己愉悦的心情与晚年的幸福生活。

这些年来，我写了两本书，《九十一生诗文录》《九十一生诗文录（续）》，将自己这些年来写的诗词以及在抗战时的所见所闻记录下来。与此同时，我总结了自己从教多年的经验，聚篇成册，积沙成塔，留给世人。

创办"沙城农家书屋"

而今，儿女们均已长大成人了，吃穿不愁，生活无忧。我将多余的钱用来创办了一个乡村书屋，延续了青年时的梦想。我从小爱好文学，读书与买书为我一大嗜好。在中学时，我就办过一个图书角。

记得20世纪90年代，看书的人很多，主要是外来务工者。许多人没有电脑，民工在沙城打工，宿舍没有电视，报刊很难看到，由此，他们常常到我的书屋来借书。年轻人喜欢金庸的武侠小说，也对古典名著很欣赏。由此，我尽量购置这方面的书籍，以满足他们的需求。

近年来，读书的人少了，年轻人热衷于电脑、手机。不过，研习书法的人越来越多。这个乡村书屋最初只由几位志同道合的人合伙创办，自掏腰包购买书籍，也有募捐筹集而来的书。后来，影响越来越大，进来的人多了，街道每年补助几百至千元，最近3年，上级每年拨款3000元作为购书经费。

我家现在四世同堂，儿孙安居乐业，自食其力，不少孙辈，有的入了党，成为国家干部，有的在外经商，卓有成就，也有的在家乡办企业。

最近，我有了重孙，还有一个孙子从浙江大学研究生毕业，成为一名电器工程师，专业是环境科学。每到节假日，儿孙们都会从各地赶回来探望我，全家四代人，欢聚一堂，其乐融融。特别是2014年,我过92岁生日,一家数十个成员为我祝寿,留下了一张珍贵的照片。

项延年在他的书屋

从事项氏族谱的整理工作

近年来,我正在从事项氏族谱资料的搜集与整理工作。

七甲,原来是一个大村落,方圆十余里地有"七甲一村至七甲九村"九个村落。七甲以项姓家族成员为主,至今已有数百年历史,颇具规模的项氏宗族祠堂也保留了下来。

每年散居海内外的项氏后人,齐聚一堂,缅怀先人的艰苦创业，为我们留下了这一片非凡的基业，同时，我们也激励后人将祖先的传统发扬光大，取得更多的成就。而今，项氏宗祠不仅是沙城图书馆的一部分，也是沙城人的文化活动中心之一。

项氏后代，人才辈出，我们想将他们的故事一个一个整理出来，从楚霸王项羽开始，一直至今天，历数项氏精英才俊，对国家、民族、桑梓的贡献。

2014年2月，项延年全家合影

七甲，项氏家族世世代代的居住地，这里既有先民筑沙成城、抵抗外侮的可歌可泣的事迹，也有开发沙滩、盐田的故事，更有鱼米之乡的风情。我们想让世人知道，七甲不仅仅是温州龙湾经济开发区的一个组成部分，有着众多阀门企业及其他工商、农业

项延年：昔日征战沙场 今日热心公益

单位，更有悠久的历史文化以及坚忍不拔的优秀传统。

浙江省黄埔军校同学会慰问抗战老兵项延年

尾声

当离开七甲时，老人恋恋不舍地将我们送到车站。

公交车徐徐驶离，望着他挥手告别的身影，我们感到，项老不仅是一位英勇的抗战老兵，一位忠于职守的人民教师，也是一位热心公益的长者，更是一位出色的诗人与作家，为后辈留下了一份宝贵的精神财富。

浙江黄埔老兵的人生纪实

胡景濂：开国大典上的特殊飞行员

2018年5月2日，我们到浙江温州访问了抗战老兵胡景濂。以下就是胡景濂为我们讲述的他的人生经历。

我在家中排行老三，1934年在温州读小学，后随母亲到上海，就读于唐湾小学，后进入沪上泉漳中学初中部。其时，大哥胡景瑊也在上海，我受到哥哥革命思想影响，参加了抗日爱国运动。

1937年中学毕业后，八一三事件爆发，日军侵占上海。我萌发了投笔从戎、报考军校的念头。我与曹耀煜、杨方石、林贤、徐翰等几位同学去找校长陈君文。在他的引导下，我们五人报名投考陆军军官学校，校址在南京。

进入黄埔军校

在南京期间，日寇飞机日夜在市区狂轰滥炸，目睹无数同胞惨遭日军杀害，增强了我们杀敌报国的决心。

不久，学校进行了初试，我们五个人全部被录取，那时我只有16岁。9月，我们随军校迁移到武昌，经过复试，正式成为黄

胡景濂：开国大典上的特殊飞行员

埔军校学生（黄埔 14 期）。三个月后，我被分配在步兵科学习。

不久，军校又从武昌搬到重庆铜梁。在校期间，学习了从单兵的个体训练直到班、排、连、营的战术进攻、防御，以及各种轻重兵器的使用。经过两年的严格训练，我们于 1939 年秋季毕业。

我被分配在军校空军入伍生总队，成为一名少尉班长。那年我才 18 岁。因为我个子不高，大家都叫我"小班长"。

日军有强大的空军部队，而中国空军力量薄弱，在战场上我军常常吃亏。我想，中国军队只有拥有空中力量的支援，才能战胜日寇的野蛮进攻，由此，我毅然报考了飞行军事学校。在报考的面试中，有位考官问我："你已经是一名陆军军官了，为什么还要报考飞行军事学校？"

我答道："先总理中山先生教导我们，要做大事，不要做大官。我想要当一名空军飞行员，在空中打击敌人，报效国家。"接下来，经过体检、笔试，我有幸被飞行军事学校录取。

1939 年冬，我们到了设在重庆铜梁的空军入伍生总队报到，再次入伍训练。1940 年春季，入伍生训练期满后，我被分配到成都空军军士学校进行飞行训练（学校第 3 期）。

该期学员有 300 多人，先进行飞行理论知识的学习，接着就开始空中飞行了。我们经过从初级、中级到高级的飞行训练（一般来说，空中飞行达到 100 个小时为"初级"；200 个小时为"中级"；300 个小时为"高级"），并完成了空军战斗机的作战训练（白天与夜间飞行的一系列复杂的战斗训练）。经过 3 年的严格训练，我们于 1942 年 12 月毕业。记得当年入校虽有 300 多名学员，经过逐步淘汰，最后获准毕业的只剩下 83 人。

接触进步思想与参加革命

在空军军士学校里，我思想敏锐，性格开朗，我还参加了一个读书会，有机会接触到许多进步书刊，令我有了辨别是非的能力。

1943 年春，我们被分配到新疆伊宁的空军教导队接受训练。我们驾驶苏联援助的战斗机，教官也是清一色的苏联人。

虽说我们已是飞行员了，但是军衔仍是军士，而非军官。由此，军士们产生了不满情绪，大家进行了罢课、罢飞等反抗行动。此举引起了国民党的镇压，他们以"异党分子"罪名逮捕了包括我在内的 23 名军士。1943 年冬，我们被戴上手铐脚镣，被押送到监狱，后来，又被送到重庆军法处关押。

在军法处关了一年左右，经过无数次的审问和调查后，证实我们根本不是"异党分子"，只是对校方有不满情绪而产生了过激的言论与行动，蒋介石手书"关禁 3 年，使其彻底悔悟"。

于是，我们又被关押在重庆的战时青年训导团里。所谓"战时青年训导团"，实际上是一个集中营，坐落在重庆郊外五云山的一个庙宇中，周围高墙围绕。庙内除了大殿和厢房以外，还新建了几间办公室及宿舍。集中营分 3 个中队，大约 200 人，关进这所集中营的人大多是共产党员、民主人士及爱国青年，萨空了先生也与我们关押在一起（萨空了中华人民共和国成立后成为民盟中央副主席与中央人民政府出版总署副署长）。训导团主任是康泽，副主任汤如炎。

胡景濂：开国大典上的特殊飞行员

这些民主人士向我们讲述了国民党镇压民主运动，积极反共、消极抗战的罪行。虽然关在集中营里，但我们仍然能通过地下渠道阅读到《新华日报》《论新民主主义》《论联合政府》等报刊与小册子。

在关押期间，甚至有大学教授给我们讲社会学、政治学等课程，每天进行军事操练，还要进行种菜、挑米、背柴等劳动，这让我们有了更多的机会与这些进步人士接触。

1945年冬，国民党当局因为关押民主人士受到责难，迫于社会舆论的压力，当局不得不将关押人员释放。

虽然我们被释放出狱，但国民党空军不要我们这批飞行员了。萨空了向中共领导人之一的王若飞提出，将我们23人送到延安去。王若飞同意了他的建议。后来王若飞因飞机失事去世，萨空了则去了香港，由此，我们也失去了一个到解放区的机会。

在浙南解放区工作

1946年9月，我回到了故乡温州。此时，我哥哥胡景城与弟弟胡景森已是共产党员了。同年10月的一天，有一位青年来看望我祖母，此人就是中共永嘉县委交通员季则尧同志，我向他倾诉了加入共产党的愿望。季则尧听了，向中共浙南特委作了汇报，特委同意由他带我进入根据地。

1946年11月，我到了浙南根据地，自此，投入了革命队伍，开始了新生活。在根据地，我见到了时任特委宣传部长的大哥胡景城，在大哥的引导下，我又见到了特区书记龙跃同志。龙书记中等身材,有一双炯炯有神的眼睛,他与我谈了许多事情,勉励我说:"党信任你们兄弟几个人,你可以直接在我身边工作,从事党的一些特殊任务。"

中共浙南游击队(摄于20世纪40年代)

1947年1月的一天,龙跃同志找到我,问道:"有没有胆量到上海工作?"

我说:"当然有,首长有什么任务吗?"

他交代我独自到上海筹集经费购买书籍,于是,我从温州坐穿山轮船到上海。

一路上,我冥思苦想,在上海有哪些政治上可靠、思想上进步且有钱的朋友可以帮忙,想来想去,终于想到一个人,吴子丹(1950年参加了双航起义,后加入中共,成为中国民航公司驾驶员)。

到了上海,我直奔吴子丹家。寒暄后,我开门见山地向他提出了找他的目的。他心领神会,爽快地答应给我金条一根(十两)。

几天后,我再到这家书店时,拿到了已经选购好的几大包书,其中有《大众哲学》《政治经济学》《八月的乡村》《钢铁是怎样炼成的》《生死场》以及鲁迅的许多著作等。我将书籍装进皮箱，仍旧坐穿山号轮船返温。

到了特委机关，大家认为，这些书籍的内容好，适合进步青年学习，我为第一次完成党交给的任务而高兴。

数天后，特委首长又将我找去，派我到上海去与暨南大学的陈宣崇同志（时任浙南特区驻上海支部书记）接头。

到达暨大时，正巧该校在举行学生自治会选举，校园里一片热闹景象。好不容易找到了陈宣崇同志，他将我带到校外一所民房里，我将特区党委的信件与经费交给了他，聊了一下彼此的工作与生活，随即返回温州。

过了一段时间，首长又派我去上海同济大学与周申生同志会面。

同济大学与复旦大学都在江湾，我到达江湾时，这两所大学的师生正在罢课，大批军警对大学进行封锁，一时很难进入学校。

我只好找了一处军警防范不严的地方，连爬带钻地进了校园，找到了周申生同志，二人相对苦笑。他将我带到了一间教室，我迅速将信件交给了他，也没多说什么，就返回了温州。

1947年3月，在我哥哥胡景墭与陈玉华同志的介绍下，经特区党委的批准，我加入了中国共产党。在举行入党宣誓仪式时，龙跃同志也在场。

自此，我参加了特区党委的各种会议，在一次会议上，我针对温州地下党活动经费困难问题，提出在温州开办工厂以解决经费问题。根据特区领导的意见，批准我在温州城区的荷花路开设一家纸箱厂，厂不大，只是制作一些茶叶、橘子等的包装箱。由于得到上海朋友的资助，这家工厂很快投入了运营。

由此，我以商人身份自由出入温州城区，在上海、温州之间进行地下活动。这家厂不仅成为特区同志到温州工作的落脚点，由于工厂业务扩大，也为地下党提供了部分活动经费。

上海购买电讯器材

1947年后，国民党进一步发动大规模的内战，浙南特区需要与华东局领导取得直接联系，建立无线电通讯联系。由此，特区首长派我到上海购买一批无线电器材。

临行前，台长徐炳全同志开了一张无线电器材的购买清单，主要有收发报机的真空管、电容器、电阻、保险管及电线等。这些无线电器材在国统区全部是禁止公开出售的，只有通过特殊渠道才能买到。

到了上海，我四处寻找门路，终于找到了一位修理电器的工人顾丛熙。刚见时，我佯称自己正在做电器生意，想请他帮忙购买有关材料。在我的请求下，他帮我买到了一批旧电器。我把器材运到根据地，经特区相关人员的检验后认为，只有部分材料可用，仍然缺少许多关键设备。

为了完成任务，我又一次只身到上海，多次出入无线电器材商行较为集中的四川北路，仍所获不多。有一次，在路上巧遇昔日军校的一位同学徐品行（中华人民共和国成立后参加解放军空军，任飞行中队长），他在虹口开了一家小店，隔壁正好有一家出售兼修理收音机的店铺。经徐品行介绍，我认识了这家商行的老板。他看了一下清单，说道："这些货物大多是违禁品，全是装配收报机所需材料。"

我说："我正在做黄金、棉纱生意，温州这个地方偏了点，比不得上海，信息不灵，时下物价一日三涨，浮动大，听不到市场信息，生意难做了，钱难赚呀！我想买一台收发报机，直接与上海市场联络，请多多帮忙！"

此人见我西装革履，手戴金表，别着派克金笔，以为是个大亨，信以为真，尽量满足了我的要求。我将货物运回根据地后，老徐认真地检查了器材，很快就装好了收发报机，终于，在浙南特区也能清晰地听到延安广播电台的声音了！

为特区购买军火弹药

1948年，在全国解放战争中，我军大规模反攻，战场上，解放军节节胜利，浙南游击队随之扩大，需要更多的武器弹药。

有一次，首长问我："你有没有胆量去买武器，能买到吗？"

我毫不犹豫地说："让我试试看。"

为完成这个任务，我冥思苦想了好久，唯一的办法是和国民党军队打交道。我想到曾在忠义救国军和交警总队当过兵的谢某。这个人是我的远房亲戚，一个兵痞子，见钱眼开。

我找到了他，直接说，我想要买枪支弹药，可以出高价。这个人听到有金子赚，马上喜笑颜开，说道："我尽量想办法。"果然，三天之后，我去他家时，已经买了一支德国造全新快慢枪和50发子弹。我给了他4两金子作为酬谢。

我把枪支弹药拿回来，交给特委，经过验收测试后，果然是一支好枪。为此，首长又下达了买枪的任务。

于是，我又一次跑到温州，找到了谢某。他上次尝到了甜头，便痛快地说，他与一位团长很熟悉，可以到苏州、丹阳搞到枪。

我将这个情况向特区党委作了请示，首长觉得我一个人势单力孤，又派了我弟弟胡景煜和我一起去买枪，也好有个帮手。

我们先到上海，找到了谢某介绍的那位国民党军团长，他说，我有办法，不仅能搞到枪，还可以弄到冲锋枪，叫我们到苏州接头。

到了苏州，我们没有找到他介绍的那个人，又到了丹阳，几经交涉总算在交警总队购买了两支汤姆生冲锋枪和200发子弹（用5两黄金交换）。买好后，我和景煜将枪和子弹分装在两个皮箱内，立即回上海，乘大华轮返回温州。

进城散发宣传品

1949年4月，解放军发动了渡江战役，温州解放已经为期不远了。我奉首长命令，到温州城里散发宣传品。

有一次，我带了一大袋宣传品进城，其中有解放军的《约法八章》《告国民党军政人员书》《告人民书》等。为了尽快散发这些宣传品，我想到一个邻居——倪衙巷的王景森，当时他在国民党永嘉县税务局做事。王景森为人正直，思想进步。我找到了他，向他讲清了当前面临的形势，使他进一步了解共产党的政策。请他将宣传品分发给县政府职员。王先生听了，满口答应，将宣传品散发了出去。

在高楼从事农村工作

高楼，一个温州瑞安县的小镇，四面环山，一条涓涓小溪穿镇而过，也是浙南游击队活动区域。只要想到高楼，就让我想到当地的一首民歌："山那边那个好地方，一片稻田黄又黄，你要吃饭耕地哟，没人给你当牛马……"

1948年9月，我从浙南特委第3期青年培训班结业后，被领导派到高楼工作。到了高楼，首先找到了当地的党支部和党员，了解镇上的情况，做到心中有数，有的放矢。

镇党支部有5名成员，工作扎实，积极肯干，但是对党的政策缺乏系统了解。于是，我将在干训班学到的知识，如刘少奇的《论共产党员修养》、毛主席的《新民主主义论》《论联合政府》等，向党员们宣讲，拓宽他们的视野，提高他们的认识。

我们挨家挨户做思想工作，讲明成立农民协会的目的和意义，很多贫农、雇农、中农积极报名参加。

1948年10月，我们召开了农协成立大会，参加人员有数百人之多。自此，高楼镇农民有了自己的组织。接着，我们组建了民兵班。1948年11月，在党员中首先成立基干民兵，有了民兵，就需要武器。高楼镇民间有打猎用的土枪，我们挨家挨户地摸清了哪家有枪，很快收缴了十多支。

接着，成立了妇女协会，开办夜校，教农民识字，让他们懂得更多的知识，也丰富了农民的文化生活。在高楼镇，我只工作了半年，组织上调我回去，给我分派了新的任务。

浙南文工团成员（摄于20世纪40年代末）

浙南游击纵队宣传队

为了配合解放军渡江作战，积极准备解放浙南地区，将党的各项政策及时传达到人民中去，特区政府决定成立一支文艺宣传队。

我从瑞安高楼被组织上调到宣传队，由我担任宣传队"口头宣传组"的组长，我们组的任务是用演讲、快板、活报剧等形式宣传党的政策。

宣传队共有30多人，队长是版画家夏子颐，副队长是话剧演员刘漠宗，成员中不少是南京戏剧学校来浙参军的学生，还有

胡景濂：开国大典上的特殊飞行员

一些文艺爱好者。宣传队成立后，我们印制张贴了大量标语，还编排了演唱节目。

亲历温州和平解放

解放军代表团首席代表胡景瑊与国民党温州专员兼保安司令叶芳进行谈判，达成和平解放温州协议。1949年5月7日，温州和平解放。解放前一天，宣传队就随浙南纵队进入了温州城。

温州解放后，我们宣传队紧张地在街头、工厂、学校和起义部队中进行党的政策宣传，就"城市政策约法八章""三大纪律，八项注意"等进行讲解。

解放后几天内，就有70多位学生参军加入了我们的宣传队。不久，宣传队改编为"浙南第五军分区文工团"，我被任命为分队长兼前台主任，参与了《杨勇立功》《两种作风》《红军妈妈》《打渔杀家》等戏剧的演出。

1949年6月，文工团随大部队挺进福建，解放了福鼎、霞浦等城镇。在进军中，我们文工团一分队随先头部队，向敌军喊话，宣传党的政策。文工团行程约一个月，同年7月奉命返回温州。

到了温州，正值人民解放军组建空军部队，招考飞行员。有一天，纵队政委龙跃将我叫去，说道："中华人民共和国即将成立，解放军就要有自己的空军队伍了，你原来就是歼击机飞行员，应当为中华人民共和国建功立业。"由此，我于1949年8月离开了工作半年多的文工团，开始了为中华人民共和国培养飞行员的生涯。

参与开国飞行检阅工作

1949年8月,我到上海华东航空处报到。9月,我被航空处派到北京空军训练部飞行科担任空军训练参谋。随后,即开始准备国庆大典的飞行检阅指挥任务。

1949年10月1日,在开国大典中,中华人民共和国的第一代空军驾机翱翔在天安门上空,飞机以三角形编队出现在蔚蓝色的天空时,领袖们喜笑颜开,频频向天空挥手致意。每当在影片上看到这个镜头时,就会想到,我曾参与了那次飞行检阅的地面工作。

胡景濂50年代照片

在开国大典前,新建立的飞行部队夜以继日地进行飞行练习,

胡景濂：开国大典上的特殊飞行员

为了机群能准确及时地飞过天安门上空，领队的飞机反复在天安门上空演练。我们在飞行训练部张受益科长的指挥下，建立了通县、高碑店和天安门三个检查点，将三点连成一线，选定通县为飞机进入检阅航线的起点，再通过高碑店到天安门上空。每个检查点设置了对空对讲机和烟火。当飞机通过起点、检查点和终点时，地面工作人员就及时向领航机报告"准确通过目标上空"和通过时间。

大典那天，我在高碑店检查点，这个检查点设在一片绿油油的大葱地里。我们小心翼翼地架好对讲机与烟幕弹，对好时间。当飞行检阅的时间临近，我们用对讲机与领航驾驶员取得联系，及时点燃烟幕弹。一缕缕青烟袅袅腾起，我们目不转睛地望着通县方向，终于见到领队飞机出现在天际线上，一瞬间，领队机就飞到了检查点上空，我立即向领队机报告："准确通过高碑店。"并报告了时间。我目送机群飞过，直到它们消失在天际线外。

完成大典后，受检阅飞行员当晚被邀请出席北京饭店举行的国宴，我们地面工作人员也应邀参加了在北京丰泽园举行的宴会。

在航校当教官

1950年1月，我被分配到北京第六航空学校第1期1班2大队当学员，班里有30多个学员，年龄多在20岁上下，绝大多数来自部队的排连干部，还有几位大学生。

由于中华人民共和国急需建立空军部队，这一期学习是速成的，短短两个月时间就完成了初级机雅克-18的飞行训练。校方提出了"地面苦练，空中精飞"的口号。课程由苏联教官讲授，学员们在苏联教官示范飞行和反复教练下掌握了飞行技术。

在飞行训练中，我们先接受机场及飞机地面教育，随后学习飞行训练科目：滑行和滑跑训练、感觉飞行训练（第一次飞行由教官驾机）、空中基本动作飞行训练、特技飞行训练、编队飞行训练（只飞两次，每次30分钟）。最后两个科目是长途飞行和暗舱仪表飞行。全部飞行训练仅用了3个月，飞行27～30小时就完成了。

飞行大队学员（前排右一为胡景濂）（摄于20世纪50年代）

接着，进入中级机雅克-11双座教练机（机型比雅克-18大，全金属，速度更快）的飞行训练，飞行时间25～28小时。两种机型的训练飞行不到60小时，在校仅用9个月时间完成，可说异常紧张。

学习结束后，技术优秀的10位同学留校任教。其余学员被分配到部队，投身到抗美援朝的战斗中去了。我由于飞行技术优秀，留校任教，担负起飞行教学任务，有幸成为中华人民共和国第一代飞行教员，开始了我为期20年的航空飞行员生涯。

在第六航校一年以后，组织上又派我到济南的第五航校去当"拉-五"（一种苏制螺旋桨式歼击机）飞行教练。在这所学校我先担任教官，后被提升为中队长、大队长。

1955年，组织上又派我前往牡丹江第七航校培养"拉-九"歼击机和米格-15歼击机飞行员，我担负起了更艰巨而光荣的任务。在牡丹江工作期间，我与夫人王瑞庆结婚。我的夫人是北京人，1947年毕业于中国大学法律系。

在人民空军服役28年后，我转业，和夫人一起回到了温州。

部队转业回到温州

1978年，我在温州市气象台任副台长，负责政治工作与后勤保障，并当选为气象台的党支部书记。由于我长期从事飞行任务，对气象台工作已经有了一定的基础，工作上可说是轻车熟路。5年后我离休了。

改革开放后，我有了机会和过去的老同学、老同事取得联系。1992年、1999年和2001年，我们先后三次组织了我国台湾、美国、南美等地的原空军学校的同学、战友以及家属聚会。我陪同他们参观了祖国的大好河山，同学们看到改革开放以后人民安居乐业，国家繁荣富强，都感到很欣慰。

胡景濂一家

每次聚会都要历时一个多月，大家先后游览了成都、上海、杭州、沈阳、长春、哈尔滨、西安，当然，他们也到了我的故乡温州。

1998年，温州市黄埔军校同学会获悉我是黄埔14期毕业生以后，盛情邀请我加入同学会，我是温州市黄埔军校同学会中唯一的共产党员。

徐式昌：黄埔抗战老兵的百年沉浮

2018年4月5日，笔者冒着纷纷细雨，到杭州市淳安县探访百岁抗战老兵徐式昌。以下就是徐式昌老人一生的故事。

徐式昌近照

浙江黄埔老兵的人生纪实

我 1919 年 12 月 13 日生于淳安（原遂安县）浪川乡大塘村神门坑。外地人大抵不知，淳安旧称青溪，属睦州府管辖，背靠钱塘江源头的徽州府。虽说处于崇山峻岭之中，但民风淳朴、强悍，乡民豪爽、极富正义感，"路见不平，拔刀相助"成为当地风尚。想当年，方腊义军、陈硕真造反均出自青溪一带。20 世纪 30 年代，红军在此设立革命根据地，建立游击队（中共浙皖特委就是以浪川乡的狮古山为中心），与国民党军进行过多次殊死决战，留下了许多可歌可泣的事迹。

报考黄埔军校

我的父亲叫徐方淦，在大塘乡以务农为生，家有薄地 20 多亩。8 岁那年，我进入大塘乡青来小学读书。毕业后又补习了两年，正准备到县城去读中学时，七七事变爆发，日军大举入侵，民众听说日寇烧杀掳掠、无恶不作的暴行，个个义愤填膺，摩拳擦掌，准备拿起枪杆子，保家卫国。

那时，我年轻气盛，一腔热血，马上报考了第三战区军官训练团，学习了一年左右的军事理论与实战训练就参加了淳遂（淳安、遂昌）抗日自卫团。自卫团有 1000 多人，团长叫王自华，淳安人；副团长是徐锡恭，遂安人。团部设在离县城 3 公里的王坑村。

这支队伍在萧山、金华、富阳场口一带活动，因淳安处在大山里，日寇尚未到达。不过，我在自卫团待了不到一年（当事务长），到了 1939 年 6 月，我所在的部队进驻诸暨。听人说，陆军军官学校正在金华招生，于是，我与洪嘉栟同学结伴跑到金华去报考军校。记得当时报考军校的青年有3000多人，只录取了1/3左右。我与洪嘉栟均被黄埔三分校录取。

三分校总部设在江西瑞金，我们由金华出发，先坐车到鹰潭，然后步行到瑞金校本部。军校有5个学科，分别是步兵科、骑兵科、炮兵科、工兵科和辎重科。我所在的是步科学员班，学的是步兵操练、野外作战、夜间攻坚、战略战术、地形学、政治、射击、测量还有兵法课。在军校的日子，学员们上午学理论，下午进行野外训练或实战对练等。军校生活相当艰苦，晚上睡的是稻草打的地铺，吃得也很简单，大锅做的炖青菜、豆腐之类，偶尔才会有肉吃。

从事地方抗日活动

1941年夏，我经过两年多的学习，从军校毕业了，校方允许学员先回家探亲，再到部队报到。当时，我父母在新安乡的大街上开了一家杂货铺。在家的那几天，我在铺子里帮忙，有一天，一位顾客进来，见我穿着军校学生制服，便问道："你是军校学生吗？"

我说："是的，刚毕业，马上要到国军第10师报到。"

那个人看了我一会儿，说道："我知道第10师正在前线打仗。我们这一带（淳安、遂昌）正在组织家乡子弟参加忠义救国军，不过缺少受过正规训练的军官，你如果过来的话，大有用武之地。"

那时，日军正在向浙江腹地大举进犯，富阳、桐庐一线战事吃紧，听了他的话，我觉得自己在军校学到的知识能够为保卫家乡出点微薄之力，正是求之不得之事。于是，毫不犹豫地答应了。

后来，我才知道，这个人就是忠义救国军遂安办事处主任鲍步超（黄埔6期）。不久，鲍主任接任了忠义救国军第3纵队少将司令，自此，我成为他的中尉副官。

两个月后，我与鲍步超带了100多人到安徽雄村的中美特种合作所去受训与接收新兵，成立一支"受训总队"，学员都是受过教育的人，经过训练后，被派到敌后工作。

在雄村，我们又带了一支已经受过训练的100多人的队伍到上饶忠义救国军总部。那时，顾祝同任第三战区司令长官。我们这支部队由救国军司令马志超亲任总指挥，下设4个组，分别是情报组、通讯组、爆破组和侦察组。我担任爆破组组长，活动范围在江浙沪一带。当时，江浙沪一带的大、中城市多为日寇占领，但是，广大农村地区仍是敌我双方胶着区域。

1942年7月，我担任忠义救国军奋勇总队上饶联络站站长。这个站有7人，虽说上海已经沦陷，但是我们在上海有地下组织，上饶联络组的主要工作是将上海传来的情报转送重庆大本营。

1943年2月，我成为奋勇总队1营的少校副营长，驻扎在离南京仅80多公里的高淳县，任务是破坏日伪军的粮库、交通、通讯。当时那一带相当复杂，不仅有日军、汪伪部队、国民党、共产党的游击队，甚至还有大刀会、小刀会这些民间武装组织。

一般来说，我们白天睡觉，晚上化装成农民、商人、职员模样开展活动，以便在日军占领的南京搞破坏活动。我们还策反了一支伪军自卫队,这支队伍属于汪伪南京江宁区警察局管辖,有200多人。

记得1944年4月20日晚上,我带领100多人在敌占区的南京中华门搞爆破活动。那天下着大雨,我们炸毁了一座桥梁,破坏了50多根电线杆,切断了敌军的通讯线。

在撤退到江宁的路上,袭击了江宁的汪伪警察局、县自卫队办公处,并且策反了一支百余人的伪军部队,将他们带到了上饶大本营(第三战区长官司令部总部设在上饶)。

1942年开始,美军轰炸机自衢州机场起飞,轰炸日军本土的战略要地,以迫使日本投降。由此,侵华日军发动了浙赣战役,企图打通浙赣铁路,摧毁衢州机场。日军由金华、兰溪出发,沿浙赣铁路大举进犯衢州、龙游等地。

1944年4月,我所在的部队奉命到金华、龙游、衢县一带开展袭击骚扰日军行动,从而拖住敌军主力部队。同年6月,我担任奋勇总队7中队中队长,部队驻防在龙游铁路南侧。我军采取的战术是先埋伏下来观察敌情,趁其不备,发动偷袭,以牵制日军的正面进攻。

有一次,我们得到情报,日军500余人从衢县都灵山出发,窜到龙游一带。当时我们部队驻扎在衢县的大洲镇铁路南侧(距县城20公里),只有300余人(差不多一个营的兵力),偷偷尾随在敌军后面。

那天晚上,日军在龙游的官潭头宿营。夜间,开始下起了毛毛雨,日军也放松了警惕。12点左右,我们不动声色地将日军包围起来,先用迫击炮向日军营地开火,然后,密集火力向他们扫射。日本人从梦中惊醒,以为我军大部队打过来了,日军在惊慌中匆忙逃跑。这一仗,我们也没有去追赶逃窜的敌军,缴获了许多战利品。

次日,日军重整旗鼓,想回来报复,但是,我军已经撤退到山里去了。他们不敢孤军深入,只好撤走了。

3个月期间,我们与敌人交战20多次,歼敌数目不详,我方只有3人阵亡。那时,忠义救国军是一支地方武装力量,一般不打正规战,而是伺机在敌后做一些骚扰、袭击敌人的游击活动。

抗战胜利后的经历

抗日战争胜利后,我们回到淳安港口,部队进行整编,一部分人留在部队,一部分人到税征团,还有一部分人当了地方上的交警。

我被派到税征团,担任连长(当时仍是军管时期)。由于国民党军队的内部倾轧,我所在的忠义救国军大队长被戴笠枪杀了,我是他手下的中队长,难免受到牵连。听到这个消息后,我被吓坏了,连夜找到了我的老上司、老同乡鲍步超。但是,鲍的忠义救国军也是戴笠的部队,他对我说:"我也不好再收留你,你是我亲戚。"

我又跑到余杭,找到了在忠义救国军当参谋主任的陈祖钦。他对我说:"想要我收留你,只有改个名字,我才好向上面交代。"于是,我改了名字,叫作徐梦西。陈祖钦将我安排到忠义救国军第3团第2营当少校指导员。这支部队属于南京师管处,驻地在南京溧水。刚好师管处就在我后来的岳母家里,我在此结识了我的妻子查逸青,她的家族在溧水地方有一些影响力。

1946年,忠义救国军遣散,我被派到17军官总队当学员(那时我没有职务)。后来,部队进行一次考试,我在苏南师管处南京团管处任中队长。内战打响后,到了1947年,我厌倦了打仗,不想再留在国民党军队,回到了溧水,与查逸青结了婚。

1949年,我考上了南京会计专科学校,学了3个月,毕业后,就在南京下关一所会计学校教书。

徐式昌与夫人查逸青结婚照(摄于1947年)

1950年,刚好河南技术招聘队到南京招人,我报名参加,考进了河南大学开封行政学院，主要是学习马列主义理论。那一年，学校调选 50 名学员到中央合作干部学校进修一年，我也在选派的人员之中。在中央合作干部学校毕业后，我被分配到河南省淮阳专区供销合作总社，成为主办会计。

1953 年，淮阳与商丘合并，我又成了商丘供销合作社财务科的科员。到了 1958 年，我被打成"右派"，并被判了 5 年刑期。

那些年，我是在商丘服刑的，先在监狱印刷厂做工，后来又转到砖瓦厂里做事。我妻子带了岳母与几个未成年的孩子回到了娘家——南京溧水杨家场村。好在我妻子有点文化，在商丘时，一直做统计工作。她为人厚道，村里也不把她当外人，还让她做了大队会计。除了大儿子在 9 岁时不幸夭折外，一家人生活还算过得去。

1963 年，我刑满释放，带着家人回到了淳安老家——浪川公社大塘大队。我的继母仍在，那时我年纪轻，身体不错，各种农活重活都能干。在大队里，社员待我们一家人不错。

到 1978 年，我在商丘地区医药采购站获得平反，落实了政策。妻子也同时恢复了公职。我回到医药采购站工作了一个时期。退休后，我回到淳安老家浪川乡。

2003 年夏，我在黄埔军校时的老校友与同乡洪嘉样夫妇回乡探亲，特地过来探望我们。1949 年前后，洪嘉样去了台湾，当了防务部门二厅作战科的科长。他们夫妻回到淳安，见到了改革开放后祖国发生了翻天覆地的变化，为家乡欣欣向荣的景象而深受鼓舞。我劝他们回到家乡安度晚年，我对他们说，两岸同胞的情谊源远流长，我们都盼望海峡两岸早日实现统一，毕竟两岸同胞血浓于水，两岸同胞的兄弟情谊是分不开的。

2015年是抗日战争胜利70周年，商丘市有关部门送来了党中央颁发的中国人民抗日战争胜利70周年纪念章。

我有两个儿子，4个女儿，现在全家几代人过着幸福的生活。在我的后代中，大部分人都光荣地加入了中国共产党，许多晚辈在党政机关工作。每到逢年过节，一家老小几代人欢聚一堂，其乐融融。

这些年，党和政府对我们关怀备至。省黄埔军校同学会等部门不断派人过来关心慰问，淳安县政府对我们也非常关心，我们一家对此深表感谢！

徐式昌全家福（摄于2017年）

徐逸容:中国远征军通讯兵的"乡愁"

2018年4月18日,我们到浙江永康访问了一位抗战老兵徐逸容(现名徐新容),以下就是徐逸容讲述他一生的经历。

浙江省黄埔军校同学会给百岁老人送祝福。左起金华市黄埔军校同学会会长吴兆宁、寿星徐逸容、省黄埔军校同学会秘书长张兵

浙江黄埔老兵的人生纪实

在黄埔军校读书

我1918年11月生于永康城塘,爷爷是个铁匠(永康自古以盛产"小五金"著称),父亲靠种田为生,家里有十几亩土地。小时在村里读过私塾,后进入梅城小学读书,小学毕业,考取永康中学。七七事变爆发后,同学们义愤填膺,纷纷报名参军。

1937年,中学毕业时,我与几位同学前往南京报考陆军军官学校(黄埔14期)。发榜时,正逢八一三淞沪抗战爆发,敌机轰炸南京。校方为了学生的安全,将我们这些初试合格的学生用轮船送到武汉。

在武汉期间,一个偶然的机会,我遇见了老乡李宝庠,他是黄埔军校8期毕业生,正在通讯兵团无线电教导学校当教员,也在武汉招生。

我与他聊起报考军校的事,他说,无线电学校招生对象与陆军军官学校差不多,在校学习的内容有电机工程、内燃机、电学、无线电报话操作以及兵器战术这些课程。我听他说的这几门课正是我所喜欢的机械类项目。于是,我改报了无线电教导学校。

经过三天考试,我榜上有名。接下来,我与同时考取的500多名学员一起到了湖南醴陵(当时无线电教导学校所在地),正式开始了无线电学校的学业。

我被分入第2队,记得队长是许家贤(江苏人),黄埔军校6期毕业生。第一阶段学习结束后,我又被编入第1队(队长李蓉,江苏盐城人,也是黄埔6期毕业生)。

不久,长沙失守,前线战事紧张,部队缺少通信人才。由此,

徐逸容：中国远征军通讯兵的"乡愁"

我们的学习内容也相应增加了，尤其是报务课增加了练习，教师要求我们必须每分钟抄写英文字母或阿拉伯单字140个以上。报务技术的学习时间也增加了，在教学时，每人座位上装连接插座，线路连接课堂与课桌，教师与同学之间随时相互收发电报作为练习，取代通常的实地架设电台实习内容。

1938年冬，我们300多名学员提前毕业（黄埔17期），上了战场。

在抗日前线

我以准尉的军衔，被分派到陆军通信兵1团1营4连工作（见习少尉），称班副，或者叫报务员。我们的部队属徽州32集团军，集团军总司令是上官云相，我在集团军总部电台做事。另一个同乡周朝军则被分派到金华第10集团军总部电台。

我借到部队报到的方便，在途中回了一次家。那时我已经有了未婚妻，她在17岁时就与我订了婚，是我高小时的同学，低我一个年级，虽说倾吐过爱慕的心意，但这次只是匆匆见了一面，彼此心照不宣。回家只过了一夜，就到部队去了。

翌日，我到电台所在地徽州棠樾村报到。我们班有5个战士，班长蔡安浔上尉（江西人）是教练所1期毕业生，班副李振澍中尉、杨琳中尉、石简行少尉，加上我，已经满员了。

1939年春天，我军以攻打广德为名，将部队开到那里，其实，在广德外围只住了一夜，虚晃一枪，便不动声色地原路返回。

我们从徽州，经祁门、景德镇、鹰潭、南城，在临川准备反攻南昌，前线打得非常激烈，我们报务组也异常紧张与忙碌，工作通宵达旦。南昌战役结束后，我被调回上饶总部电台。

当时总部驻地在住皂镇周家墩村，我的工作仍是电报收发，我的同事中有一个叫陈履忠的，是陈诚的侄子。不久，我接到军政部通信兵监部联发通知，为调整学历，令我们各期同学带薪补训。我又到陆军通信兵学校补训。

陆军通信兵学校设在贵州麻江，由此，我们从江西上饶出发，步行40余天，到达麻江。进校后，我被编入28总队1大队第1队，总队长任世江，队长楼广文。半年后，我又被编入第3队，队长俞腾琨（黄埔6期）。

补训结束后，我与15位同学一起被分配到驻滇参谋团通信兵部队，我担任6团3营12连1班少尉班副报务员。

加入中国远征军

珍珠港事件爆发后，日军仅用几个月就在海陆空打败了数十万英荷葡等国军队，并打下了菲律宾、印尼、马来西亚、新加坡、泰国等地。日军乘势进军缅甸，攻取仰光后，威胁滇缅边境。

1942年2月，中国远征军结束了在保山的集结待命，我们通信兵部队作为参谋团附属部队随军远征进入缅甸。

同年3月，我团随其他部队由云南昆明出发，经过保山、惠通桥，至畹町，然后进驻腊戍。在腊戍，我们将电台安放在一个缅甸的华侨家中，天线就架在屋顶上。那个华侨见到我们，非常高兴，似有扬眉吐气的感觉。

徐逸容：中国远征军通讯兵的"乡愁"

此时，我已经是通信兵第6团无线电的中尉班长（台长）。我们班有15个人，多半是通信学校毕业的尉官，配属参谋团，后来的驻地在英国驻缅军营内。

一般来说，我们通信兵有两大任务，一是电报收发，二是抄收日本战事新闻。我虽然是远征军参谋团电台的台长，但并不能了解军事机密，因为我只管接收信号，之后还有译电员依据密码，翻译成电报内容。

入缅首战失利

1943年，在云南楚雄成立远征军长官司令部。我被派到该部兵站总监部任少校科员，从事美式通信器材的调配使用。在那里，一干就是两年，直至1944年远征军大反攻，在滇西、缅甸战场上节节胜利，最后收复仰光。

中国远征军第一次入缅作战，开始还算顺利，不过，日军受挫后，迅速增援，远征军预定向前方增援的第5军直属坦克、炮兵部队却因日机沿途轰炸扫射，无法增援到位。

我方空军无力助战，200师孤立无援，在敌军的空中、地面立体进攻中，苦战12天，补给缺乏，弹药将尽，为避免被敌围歼，我们奉命撤退。

在西线，日军紧追向印度方向撤退的英军，英军经中国远征军解救才免于被歼。东线，日军以机械化快速部队在我军200师弃守的同古地域集结，向缅北挺进。就在日军56师团即将突袭腊戍之时，我随远征军参谋团撤退到滇西的龙陵，日军又追击到龙陵,参谋团紧急撤到惠通桥一带。刚过桥,守军下令炸毁惠通桥,我亲眼目睹了桥被炸毁的那一刻。

远征军反攻

我随通信6团回到昆明一年多,到了1944年,驻滇西的中国远征军开始反攻,同年5月11日,第20集团军强渡怒江,经过3个月的激战,9月14日我军攻克腾冲。

第11集团军于6月1日渡江,4日攻克腊猛,进围松山。由于敌阵坚固,我军以3个师轮番进攻连续9次,至9月7日方攻破敌阵,全歼守敌。

进攻松山时,每天战况通报15次。在爆破松山主阵地5分钟后,电报传到远征军司令部,整个指挥部一片欢腾,不分长官、士兵,相互握手、欢呼,高兴得无法形容。

远征军经过血战,11月3日收复龙陵,20日攻克芒市,12月1日攻克遮放。1945年1月19日克复畹町。1月22日,远征军53师与新1军在木遮相会,旋以钳形攻势向芒友推进,于1月27日在芒友会师。1月28日,中印公路通车。

在3个月的时间里,挺进600公里,毙伤日军3500余人。3月30日,远征军攻克乔梅,与英军胜利会师,完成了战略大反攻的全面胜利。

1945年夏,远征军撤销,楚雄长官司令部也同样成为历史,直属单位人员各奔东西。我归属驻印军通信兵独立3营1连,任上尉副连长。

徐逸容：中国远征军通讯兵的"乡愁"

1945年8月15日，日本无条件投降。根据开罗会议精神，中国军队、美军和苏军共同进驻日本。有消息传来，我们原驻印部队将作为中国军队进驻日本，官兵闻讯，无不欢欣鼓舞。后来"双十协定"被撕毁，驻军日本之事，也就无疾而终了。

抗战胜利之后

1946年春，我所在的部队奉命调离云南，经贵州，走湘西，过洞庭湖，到达武汉，然后，乘船回到南京。部队在南京驻妥后，我请假回乡。

到了永康老家，所幸的是虽然历经长期的战乱，父母弟妹尚安好健康，欣慰无比。我的未婚妻与我订婚后，在家苦等9年，见我凯旋，喜不自胜，亦无怨天尤人的话。那年我29岁，她26岁，我将她接过门，喜结良缘。正当我们在家乡欢度蜜月之时，部队发来集训的指令，要我即刻归队。我是个军人，只得奉命到了部队所在地济南。

1947年春夏之交，我接到南京通信学校调令，要我到马鞍山通信学校报到，担任军官训练班的区队长兼教官。

到了马鞍山校本部，根据校方指示，派我到南京设立了一个招生处，同时在上海、杭州等地设招生点，招生对象是高中毕业生，笔试开考，以留卷法取生（即，每门功课必须80分以上才能录取）。

我们录取了100多人（够一个中队的人数），先行起训。那时学习紧张、管理严格，几个月的入伍生训练下来，学员们红光满面，气势甚雄，符合健康军人标准，也达到了预期训练的目的。

此时，淮海战役已经打响，通信学校奉命西迁。我们从浙赣铁路向西撤退到了金华，暂时停留半天，我急匆匆到永康老家接妻子，不料，此时女儿脸上患了疮疾，不能经风，无奈之下，我只好独自回到金华，带着学生到湖南耒阳住下。

不久，接到上级命令，学生提前实习，考试后被分配到各个部队。我们这些教官暂时休假。未料，形势急转直下，国、共二军在徐州对峙中，杜聿明指挥的邱清泉、黄伯韬等兵团均已解体，北平和谈破裂，解放军百万雄师打过长江，上海危在旦夕。

此时，我正好到金华接外甥（方春南），形势不等人，金华、永康等地已经面临解放。我就回到了永康老家，躬耕田亩，自食其力。

躬耕田亩，自食其力

中华人民共和国成立后，我在老家参加农业劳动，土地改革时，我参加了村里的土地登记、土地造册，以及土地证书的填写。加入了村里的互助组、农业合作社、公社生产队，参与了生产队的各种农业劳动，如垦荒造田、种田割麦、兴修水利，等等。

20世纪80年代，农村实行土地承包到户，我参加了居民身份证的编码造册，以及房产登记等工作，还参与了乡村的公益事业，如胡公归出案的审理、移坟设墓、填写乡规村制以及撰写村史等。所幸十几年来，工作中从未有失误。

从2003年开始，我得到政府的关怀，每月发给生活补助费。这是荣誉，也是对我的鼓励，让我在耄耋之年有了一个舒心的晚年。

徐逸容：中国远征军通讯兵的"乡愁"

2016年，徐逸容全家福

我目前有三儿三女，孙辈10多人，现住在老屋里。儿子们都已在外面盖了房子，想让我搬去住，我没同意。儿子们担心晚上有急事，大儿子每天晚上都回到老房子里住，和我有个照应，而二儿子和小儿子则负责轮流给我送饭。

媒体也多次报道过我的事迹，省、市黄埔军校同学会，社会公益组织的志愿者和很多热心人士也多次来看望我，给我送钱送物，在此一并感谢。

后 记

95年前,中国民主革命的伟大先驱孙中山先生,在中国共产党的帮助下,创办了黄埔军校,为中国革命和军队建设培养了大批军事、政治人才。广大黄埔同学东征北伐,浴血抗战,为中华民族的独立和解放付出了巨大牺牲,用鲜血和生命铸就了"爱国、革命"的黄埔精神。黄埔精神不仅是黄埔师生,也是中华民族的宝贵精神财富,传承弘扬黄埔精神是我们的责任和义务。

2016年起,浙江省黄埔军校同学会连续三年与《黄埔》杂志社合作,先后刊出了"浙江黄埔老人的幸福晚年""浙江黄埔老兵的人生纪实""浙江黄埔老兵的家国情怀"等特别策划报道,共收录18位浙江黄埔老兵的口述文章。今年是中华人民共和国成立70周年、全国人大常委会《告台湾同胞书》发表40周年,也是黄埔军校建校95周年,为落实黄埔群团改革关于"大力弘扬黄埔精神"的要求,挖掘黄埔精神的历史意义和时代价值,阐述黄埔精神是促进祖国统一、致力振兴中华的强大精神动力,以黄埔纽带增进两岸心灵契合与情感连接,推动海内外黄埔同学及亲属积极传承践行"爱国、革命"的黄埔精神,我会决定将这18篇文章加上对会长刘渊先生的口述记录一并结集成书。

浙江黄埔老兵的人生纪实

多年来，浙江省黄埔军校同学会一直致力于黄埔史料的收集抢救工作，本书可算是我会2015年出版的《浙江黄埔人抗战记忆》的姊妹篇。这本书通过对19位浙江黄埔老兵面对面的采访，用平实而流畅的文字记录了他们的口述人生经历，特别是对军校生活、抗战经历和幸福晚年的讲述，将大时代中一个个鲜活的人物形象以文字方式记录保存下来，从中反映了中华民族从积贫积弱到迈向伟大复兴的百年沧桑。作为亲历者，他们一致认识到：只有中国共产党的领导才能实现中华民族伟大复兴的中国梦，这是历史的选择，人民的意志。19位黄埔同学分布于全省7个设区市，跨度黄埔14期到23期，其中17位老人参加过抗日战争，包括淞沪战役、衡阳保卫战、南昌战役和中国远征军赴印缅作战等。年少时，他们或生活贫寒，或家境殷实，人生轨迹本各不相同。但同处敌国入侵的时代，面对日军侵犯，他们的人生在那一刻发生了共同的转折，投笔从戎、抗日报国成为他们共有的抉择。这是他们最大的共同特点，也是我们出版此书所要挖掘的时代价值。晚年时，他们发挥余热，以弘扬黄埔精神为己任，或联络同学、或参政议政，热心两岸民间交流，为致力祖国统一和民族复兴重续同窗缘，再叙黄埔情，成为"天下黄埔一家亲"的重要纽带。

我会副会长符丕盛先生虽未经历抗战，但一辈子奉献于党的教育事业，退休后担任了温州市黄埔军校同学会会长。另一位没有抗战经历的是黄埔教育长之子、我会理事吴兆宁先生，但他参加了抗美援朝战争，三十年来一直致力于统促联谊，为促进祖国统一默默奉献至今。到本书出版时，19位老人中，已经走了6位，他们是享年97岁的陈瑞璋，98岁的楼吉康，99岁的林士瀛、应邦铭，99岁的刘渊和102岁的林锷。健在的13位老人平均年龄97周岁，最年轻的90周岁，最年长的101周岁，其中5位已是百岁黄埔寿星。我们对过世的老人表示悼念，祝健在的老人健康长寿，安度幸福晚年！

本书的出版，得到了省委统战部、《黄埔》杂志社、各市委统战部、各地黄埔军校同学会和黄埔同学及亲属的大力支持。在此，我们向所有为此书出版提供帮助的各位领导和朋友表示最诚挚的感谢！我们尤其感谢本书的特约撰稿人、从事文史创作多年的龚玉和老师，他怀着对黄埔军校的敬仰之心、对抗战黄埔同学的敬佩之情，在我们的安排下，克服路途、方言等不便，逐一登门拜访每位黄埔老兵，采写第一手资料，初稿写完后，查对核实相关资料，力求忠实于口述者的记忆和史实。当然，由于年代久远，资料散失，虽然我们已经做了尽可能认真的核查，但口述回忆与史实的偏差或在所难免，敬请读者朋友们批评指正。

天下黄埔是一家，两岸同胞一家亲。在中国特色社会主义进入新时代的今天，我们挖掘黄埔精神内涵，就是为彰显促进统一与民族复兴的时代价值。我们强化黄埔精神纽带，就是为增进对中华民族、中华文化和一个中国原则的认同。我们传承弘扬黄埔精神，就是为致力实现祖国统一和民族复兴伟大实践。黄埔精神跨越时空历久弥新的价值指向就是国家统一和民族振兴。黄埔精神的核心是为统一中国、振兴中华而矢志不渝、顽强奋斗的爱国主义。在此，我们呼吁包括黄埔同学及亲属在内的海内外中华儿女，以习近平总书记在纪念《告台湾同胞书》发表40周年纪念会上的重要讲话为引领，传承弘扬黄埔精神，坚决反对"台独"分裂，共同追求和平统一大业的光明前景，以中华民族大义为重，以两岸同胞福祉为念，携手同心，共同奋斗，为促进祖国和平统一、实现中华民族伟大复兴中国梦做出更大的贡献！

浙江省黄埔军校同学会
2019年8月